Katharina Starlay

Kleidung nachhaltig konsumieren

Kauft weniger, sucht es sorgfältig aus,
lasst es beständig sein.

Vivienne Westwood

Für Ruth

Katharina Starlay

Kleidung nachhaltig konsumieren

Mit Stil die Zukunft gestalten

Frankfurter
Allgemeine
Buch

Bibliografische Information der Deutschen Nationalbibliothek
Die Deutsche Nationalbibliothek verzeichnet diese Publikation in der Deutschen Nationalbibliografie; detaillierte bibliografische Daten sind im Internet über http://dnb.d-nb.de abrufbar.

Frankfurter Allgemeine Buch

Frankfurter Allgemeine Buch
Pariser Straße 1
60486 Frankfurt am Main

Umschlag: Viktoria Vieweg
Satz: Viktoria Vieweg
Printed in the EU

1. Auflage
Frankfurt am Main 2023
ISBN 978-3-96251-154-8

Frankfurter Allgemeine Buch hat sich zu einer nachhaltigen Buchproduktion verpflichtet und erwirbt gemeinsam mit den Lieferanten Emissionsminderungszertifikate zur Kompensation des CO_2-Ausstoßes.

Inhalt

Vorwort

Katharina Starlay ist Textilerin und Stilfrau mit Leib und Seele. Das war wieder sehr intensiv zu spüren, als sie dem Deutschen Knigge Rat einen unglaublich interessanten Einblick in den nachhaltigen Konsum von Kleidung gab.

Auf den ersten Blick hört sich das sehr ernst und schwer an – und ist es in Teilen auch, wenn man, wie sie sagt, „zu Ende denkt", wie das mit der Mode und uns funktioniert.

Über sieben unbequeme Fragen, die es sich wirklich zu stellen lohnt, ist sie auf eine sehr überraschende Formel gekommen, die das ganze Thema der Nachhaltigkeit wiederum sehr lohnens- und erstrebenswert erscheinen lässt: Sie ist alles andere als ein Opfer, weil „ich das Beste für mich suche", nämlich das, was mir steht, passt, gefällt und guttut. Ist das nicht ein wunderbarer und viel leichterer Ansatz als alles, was dazu sonst im Raum steht?

Dieses Buch begleitet uns auf dem Weg dorthin. Es ist spannend, was sie alles zu Ende gedacht hat, was sie zu sagen hat und an Wissen zu vermitteln weiß.

Ich bin mir, ebenso wie meine Ratskolleg:innen, sicher, dass Sie Ihre Garderobe und Kleidung nach dieser Lektüre der Zusammenhänge, Hintergründe und *Insights* anders betrachten und gestalten werden.

Was das auch mit Knigge zu tun hat? Es geht bei dieser Thematik um sehr viel Geld und Macht – und heute wie damals, als Freiherr Knigge sich Gedanken über ein neues Miteinander gemacht hat, ist dabei ein gesellschaftliches Umdenken nötig. Kleidung, damals wie heute, gibt immer noch Auskunft über Rang und Status – es macht also auch deshalb Sinn, sich damit auseinanderzusetzen, wie man Kleidung clever konsumiert.

Ich wünsche Ihnen viel Freude beim Lesen und viele bereichernde Erkenntnisse.

Herzlich
Evelyn Siller

Executive Consultant für Wirkungsintelligenz & Savoir-faire – Vorsitzende des Deutschen Knigge Rats
Im Frühjahr 2023

Storytelling: Der Kick im Kleiderschrank

Laras Kleiderschrank war mehr als das: Für sie bedeutete er ein ganzes Universum an Möglichkeiten, das eigene Selbst auszuprobieren, eine ewige Spielwiese der Darstellung, auf der sie alle Facetten der eigenen Persönlichkeit auszudrücken suchte. Er war aber auch tägliche Freude in einem Alltag, der ansonsten nicht allzu viel davon parat hatte:

Als alleinerziehende Mutter mit manchmal geliebter – manchmal unliebsamer Karriere als Marketingleiterin eines mittelständischen Unternehmens war sie alles andere als ein *It-Girl* der Fashion-Szene. Sich zu kleiden machte ihr aber von jeher Spaß, und bot ihr eine Auszeit nur für das eigene Sein und den positiven Kick im manchmal schwankenden Selbstwert. Denn wir fühlen uns doch alle manchmal größer – und manchmal kleiner, es ist Teil unseres Menschseins.

Zu schön das Gefühl, sich etwas geleistet zu haben und es sich wert zu sein ...

Entsprechend füllte ihre Garderobe weit mehr als die üblichen Laufmeter Schrank oder ein paar Kommoden – vielmehr hatte Lara in ihrer Wohnung ein eigenes Zimmer dafür eingerichtet, in welchem Kleidungsstücke in zwei Reihen übereinander hängend an allen vier dahinter hellblau gestrichenen Wänden Platz suchten – ja suchten, denn langsam wurde es eng in ihrem „Mädchenzimmer". In seiner Mitte fand sich eine mit Spots beleuchtete und gut bestückte Schubladen-Insel, auf der Schmuckschatullen und ein wunderbar barocker Spiegel dekoriert waren, die auf jede Accessoire-Frage eine Antwort hatten.

Dieses *Budoir* war nicht zuletzt auch ein Magnet für ihre inzwischen zwölfjährige Tochter, die ihrerseits bald aufbrechen würde, die eigene Identität auf die Probe zu stellen. Immer mehr Zeit verbrachten die beiden im Zauberzimmer, und immer öfter fragte sich Lara, welches Vorbild sie für ihren Backfisch (wie sie ihr Kind manchmal heimlich und liebevoll bezeichnete) so abgab. Es war eine Frage der Zeit, wann Sophie in den Strudel von Modeindustrie, *Influencern* und Gruppendynamik ihrer Schulklasse hinein gezogen würde.

Wie viel Textil braucht ein Mädchen, um glücklich zu sein und Raum für die eigene Persönlichkeitsfindung zu bekommen? Was ist noch vertretbar in einer Zeit, in der die nachwachsende Generation für den Erhalt des Globus auf die Straße geht, sogar vor radikalen Maßnahmen nicht zurückschreckt, um die eigene Zukunftsangst publik zu machen?

Denn dass sich freimütiger und unreflektierter Kleiderkonsum mit Nachhaltigkeit nicht verträgt, ist auch Lara seit vielen Jahren dämmernd bewusst. Nur findet der Impuls erst heute, im bewundernden Anblick ihrer halbwüchsigen Tochter, volles Bewusstsein: Das Verantwortungsgefühl eines Vorbilds.

Dazu stellt sich nun das Unbehagen ein, auch die eigene Qualität, die man von einer gestandenen Frau erwartet, nicht immer adäquat präsentiert zu haben. Zu schön die Illusion, auf der Höhe des Zeitgeists zu sein.

Kann ich nicht Masse durch Klasse ersetzen? Schließlich haben *High-Fashion-Pieces* eine kurze Halbwertzeit – und der *Kick* reicht immer nur bis zum Kauf, verblasst aber sofort mit dem ersten Tragen. Es ist die Jagd, die Begehren weckt.

Wie viele Teile aus meiner berstenden Kleiderkammer trage ich wirklich? Was sagt treffend und überzeugend aus, was es über mich zu sagen gibt? Und wie finde ich heraus, was mir gut tut und habe trotzdem noch meinen Spaß an der Mode? Was, wenn ich jetzt umdenke?

Lara hat schließlich ihren Kleiderschrank auf den Kopf gestellt: Mit Hilfe eines guten Stilberaters, der sie in die Geheimnisse der typgerechten Kleidung eingeweiht hat, konnte sie kräftig ausmisten, nicht willkürlich oder „was ich seit einem Jahr nicht mehr getragen habe", sondern mit Plan und einem kundigen Blick auf ihre berufliche Aufgabe, ihre Körpersilhouette, ihre Farben und ihre Stil-Persönlichkeit. Er hat ihr gezeigt, wie sie Kleidungsstücke immer wieder neu kombinieren und damit weiterhin für den *Kick* im Kleiderschrank sorgen kann. Sophie war übrigens die ganze Zeit dabei und hat alles mit der Neugier ihrer Jugend aufgesaugt.

Manche Teile waren zwar genau im Trend, aber so schlecht verarbeitet, dass sie nicht einmal mehr *Second Hand* verkauft werden konnten. Das hat Lara schockiert: So viele verbrauchte Ressourcen für Kleidung, die sie nur einmal – wenn überhaupt – getragen hat? Ganz abgesehen von den Kosten für sie selbst. Was hätte sie mit dem ganzen Geld für sich und Sophie tun können? Vielleicht ein Wochenendtrip in eine tolle Metropole, solange die Tochter noch mit der Mutter verreisen möchte? Eine Fortbildung? Oder mehr Rücklagen, um irgendwann unbezahlten Urlaub zu nehmen?

Im nächsten Schritt befasst sie sich aber unbedingt mit ihrem Bedarf und dem, was ein Kleidungsstück können muss, um sie ehrlich zufriedenzustellen. „Macht es mich glücklich?" ist nicht umsonst ein heißer Tipp von Aufräum-Experten. Heute schaut Lara ins Etikett, bevor sie etwas kauft, beachtet das Herstellungsland, die verwendeten Materialien und wie man sie pflegt. Und sie achtet auf gute Verarbeitung.

Wie man eine Garderobe revolutioniert und kompetente Beratung findet, die nicht nur die Ordnung im Schrank, sondern auch das gute Aussehen sicherstellt, ist genauso Teil dieses Buches wie Qualitätsmaßstäbe, die glücklich machen.

Lara hat seitdem unendlich viel Zeit und Geld gespart und lebt ihrer Tochter immer mehr vor, wie Nachhaltigkeit *today* wirklich geht und wann ein Einkauf erfolgreich ist.

***

Alexander ist 16. So richtig viel Geld hat seine Familie nicht. Aber für die neuesten Sneakers hat es bisher immer gereicht – ihr wisst schon, die lässigen von Designermarke XY, die gerade von 429 Euro auf nur 297 Euro herabgesetzt worden sind. Das muss man den Kumpels ja nicht erzählen ... man hat sie eben „als erster gehabt und nur noch nicht anziehen können". Genauso gut können das auch die geliebte Jeansjacke oder die *Treggings*, die elastische Röhrenhose bei Mädchen sein.

Seit der Pandemie hat sich der *Talk* auf dem Schulhof allerdings geändert, vor Mobbing wegen der falschen Modemarke am Körper muss sich zum Glück niemand mehr fürchten. Heute ist es bei Jugendlichen mehr als früher *in*, Individualität und Kreativität zu zeigen. Zwar spielen angesagte Marken immer noch eine große Rolle, aber der Blick darauf, der hat sich gewandelt.

In der Klasse von Alex werden nun auch Kennzahlen der Nachhaltigkeit behandelt: Klimawandel, Kreislauf und Wasser-Fußabdruck. Von seiner Patentante bekommt er zum Geburtstag eine Urkunde für eine Baumpatenschaft oder wahlweise eine Spende an ein Umweltprojekt. „Wie cool ist das denn?", fragt er sich selbst ... und bald darauf auch seine Mitschüler:innen. In den folgenden Wochen reden sie viel über die Zusammenhänge von Umwelt und Konsum, Plastik in den Weltmeeren und Mode. Die FFF-Welle ist bereits abgeebbt und neue Wellen werden stark. Es ist modern, für die Zukunft auf die Straße zu gehen.

Wie authentisch sind wir aber unterwegs, fragt er sich, wenn wir gleichzeitig mit Kleidung so umgehen? Wenn selbsternannte Vorbilder die Wegwerfmode feiern und auch ihre *Follower* dazu animieren, Kleidung nur ein einziges Mal für eine Party zu tragen und dann auf die Müllhalde zu werfen, statt wieder in den Kreislauf zu geben? Ist das nicht krank?

Denn dass gerade aktuelle und schnelllebige Mode auf synthetische Materialien zurückgreift, hat sich inzwischen herum gesprochen. Verkaufsargumente wie „recyclebar" und „aus nachhaltiger Produktion" klingen zwar überzeugend, lassen sich aber echt nicht nachverfolgen. Können wir unseren coolen Outfits nicht ein längeres Leben geben?

Er diskutiert das mit seinen Freunden: Ist Kleidertausch vielleicht eine Idee, um immer wieder neu auszusehen und sich auch so zu fühlen? Gerade, wenn wir jung sind und uns ausprobieren wollen? Der *Oversize*-Trend macht es zum Glück einfach, weil die weite Kleidung immer passt.

Und so entsteht langsam aber sicher die Idee einer saisonalen Kleidertauschbörse, nicht *online* sondern *live*. Ein *chilliges* Event, bei dem sich so ganz nebenbei auch Bilder und Videos für *Social Media* aufnehmen lassen, die viral gehen können ...

***

Harry kam bisher mit dem typischen *Dress* männlicher Manager durch seine Laufbahn. Das erlaubte ihm, bei minimalem Aufwand maximale Wirkung zu erzielen: Graue und blaue Anzüge von der Stange in mäßiger Weite waren irgendwie immer genug, zumal er eine Figur hat, die weitgehend den Standardgrößen entspricht.

Dafür zog er einmal im Jahr los und kaufte gleich mehrere Anzüge zum günstigen Preis, die er seine „Manager-Uniform" taufte, dazu passend Krawatten und bügelfreie Hemden sowie Socken und Shirts im Bündel. Denn Zeit ist ein rares Gut, findet er mit betriebswirtschaftlicher Effizienzdenke.

Nur so langsam klappt das nicht mehr mit der Effektivität. Seine Strategie geht nicht mehr auf:

Erstens ist die Kleidung auch im Berufsleben in den Jahren vor – und ganz besonders seit Corona – lässiger geworden, Statussymbole funktionieren nicht mehr wie vorher. Zudem sind seine Auftritte heute nicht selten auf den engen Bildausschnitt einer Kamera beschränkt und der einfache weiße Hemdkragen lässt ihn langweilig und eher blass aussehen.

Zweitens ist er als Vorstand Transformation inzwischen oben auf der Leiter angekommen und bemerkt schmerzhaft, dass von seinem Auftreten viel mehr erwartet wird, als er bisher bereit war zu investieren: Seine Mitarbeiter:innen legen Wert darauf, für einen Chef mit Rang und gutem Auftreten zu arbeiten, weil das nicht zuletzt auch sie selbst bestätigt. Shirt und *Hoodie* kann er sich demnach nicht leisten (obwohl er sie besitzt), genauso wenig wie die geliebten Jeans, von denen er etwa zwei Dutzend im Schrank hat, für jedes schwankende Körpergewicht gleich mehrere zur Auswahl. Aus diesem Grund hat er drittens während der Pandemie auch angefangen zu trainieren, ist drahtiger geworden und schwitzt nun schneller:

Die Bügelfreien tun ihren Job überhaupt nicht mehr, weil sie nicht atmungsaktiv sind – und je schmaler und modischer das Hemd geschnitten ist, desto mehr wärmt es.

Wie kann ich mein Leben und meinen Kleiderschrank repräsentativ gestalten und gleichzeitig meinem eigenen Anspruch an Nachhaltigkeit gerecht werden? Sind die coolen Outfits von den *Role-Models* der Werbung überhaupt etwas für mich oder mache ich mich damit eher lächerlich? Der Schuss könnte nach hinten losgehen ...

Harry hat daraufhin recherchiert. Und er hat sich beraten lassen: Für seine Auftritte in diversen Videoformaten intern oder extern vor der Presse trägt er inzwischen Maßanzüge und -hemden, da gut sitzende Kleidung souveräner macht und im engen Bildausschnitt besonders die Schulterlinie im Blick ist. Die Herstellung in der Auflage 1 gewährleistet, dass es genau diesen Look nur einmal gibt – und nicht vielfach. Das stärkt sein Profil als Vorreiter seiner Branche. Darüber hinaus kann er verschiedene Stoffe für unterschiedliche Anlässe individuell zusammenstellen und wird somit zum Designer seiner eigenen Garderobe – mal mit, mal ohne Weste, auffällig oder dezent. Je nach Bedarf.

Und da er auch im Businessanzug öfter mal Fahrrad fährt, wodurch der Stoff im Schritt schneller verschleißt, kann er sich nun noch eine zweite oder dritte Hose im selben Stoff dazu bestellen – was bei vorgefertigter Ware unmöglich ist. Er weiß heute, dass jede weitere Hose die Lebensdauer seines Anzugs nahezu verdoppelt, da ein gut behandeltes Sakko – oder eine Jacke – lange hält. Für Hemden wählt er nun mehr Farbe und weniger technische Ausrüstung, welche zwar für eine geringe Knitterneigung sorgt, aber durch den Einsatz von Chemikalien erreicht wird. Auch reine Baumwolle knittert edel, ein Gütesiegel für Eingeweihte ...

Das Vorurteil, Maßkleidung sei etwas Abgehobenes für Reiche, hat er ebenfalls abgelegt: Die meisten Anbieter beginnen in einer Preislage, die wir auch für Serienware von der Stange hinlegen müssen – nur dass wir bei der individuellen Anfertigung ordern können, was unserem ureigenen Bedarf dient. Auch Freizeitkleidung wie *Chinos* und Jeans gibt es übrigens inzwischen auf Maß oder auf Teilmaß.

Wenn Harry heute Videoaufzeichnungen von sich anschaut – und wer von uns ist *nicht* inzwischen vielfach im Bildformat online? – fragt er sich, wie er sich jemals mit den „einfachen Weißen" zufrieden geben konnte. Die Krawatte hat er längst abgelegt. Er weiß, welcher enorme Wasserverbrauch für die Herstellung einer einzigen Jeans notwendig ist und trägt die Modelle, die ihm noch passen, erstmal auf. Von seinem Bestand wird er sich noch viele Jahre kleiden können und trotzdem trendgerecht aussehen, weil er inzwischen mutig und modisch kombiniert.

Harry ist stolz, das Thema Kleidung für sich gelöst zu haben. Nun muss er nämlich nicht mehr darüber nachdenken und weiß: Er sieht gut aus.

***

Dass Harry auch eine Henriette sein kann, Lara genauso gut ein Lars oder Lionel und Alex geschlechtlich möglicherweise divers ist, versteht sich von selbst. Und natürlich hat nicht jede Frau so eine dichte Beziehung zu ihrer Kleidung wie Lara: Freude an Schönem kennt viele Gesichter. Und Begeisterung auch. Es sind sympathische Züge, die uns menschlich machen.

Männer wie Frauen, Jungen wie Mädchen und Menschen des dritten Geschlechts interessieren sich sehr individuell für Textilien, Accessoires und Statussymbole, Lederwaren und Beautyartikel, was ihren Umgang mit Konsum definiert. Es gibt Männer, die eine größere Garderobe haben als ihre Partnerinnen, was genauso gut ist, solange die Garderobe überlegt und nicht zufällig gewählt – und damit im besten Sinn nachhaltig ist.

Harry, Alex und Lara haben aber schließlich eines getan: Sie haben umgedacht. Nicht nur haben sie ihren tatsächlichen Bedarf sowie ihre emotionalen Bedürfnisse reflektiert, sondern auch verstanden, dass Nachhaltigkeit bei uns selbst anfängt. Nicht etwa bei als ökologisch deklarierten Waren.

So kann und darf nachhaltiger Konsum modisch sein und Spaß machen – und fügt der Wirtschaft keinen Schaden zu, wenn wir zu Ende denken: Auch Produzenten haben schließlich mehr Spaß, wenn sie weniger Material in besserer Qualität verarbeiten können und dafür angemessene Preise verlangen dürfen. Dann können sie auch wieder bessere Löhne zahlen. Die Vokabel *preiswert* hat nämlich zwei Wortteile.

Mehr Leichtigkeit durch bewussten Konsum

„Viele Leute glauben, dass Nachhaltigkeit Opfer verlangt. Dabei ist sie die natürliche Folge eines Verhaltens, das nach mehr Selbstausdruck, Erfolg und Wertschätzung für sich selbst und andere strebt."

Erst heute ist die Zeit reif für eine Denkweise, welche nicht nur die Hersteller, sondern auch uns selbst als Konsumenten mit einbezieht.

Zwischen meinem Vorgängerbuch *Clever konsumieren* von 2014 und heute steht nicht zuletzt eine ganze Corona-Pandemie – und mit ihr der Beginn eines neuen Denkens: Die Mode- und Trendnachrichten-Plattform *Fashion United* etwa berichtet im April 2020 von einem Brief, den niemand Geringeres als die *Fashion*-Ikone Giorgio Armani an die US-Amerikanische Fachzeitschrift für Mode und Modeindustrie *Women's Wear Daily* (WWD) schrieb und sich für eine Verlangsamung in der Mode einsetzte: Weniger Kollektionen, weniger Überproduktion, weniger sinnlose Geldverschwendung – mehr Authentizität.

Wir beleuchten nun die andere Seite – den Konsum an sich. Denn nur, wenn wir die Hintergründe kennen, können wir unsere eigenen Handlungsweisen und deren Konsequenzen zu Ende denken.

Wir müssen die Konsumkette als einen Zyklus verstehen lernen, in dem niemand verlieren darf.

Und erst wenn wir etwas über ein Produkt wissen, können wir seinen Wert beurteilen und entscheiden, ob es uns den Preis wert ist. Wir konsumieren dann im positivsten Sinn teurer, da Hochwertiges uns „lieb und teuer" ist und Respekt verdient hat.

Nur zeigen sich im Konsum von Kleingütern und -waren oft klaffende Lücken gegenüber dem von kostspieligen Anschaffungen wie Autos, Waschmaschinen oder auch Heimtieren: Unsere Vorinformation als Kunde sinkt mit dem Kostenrahmen der Produktgruppe.

Dabei sind es doch gerade die kleinen Dinge, die Cremes und Lotionen, Textilien und Schmuckstücke, die wir direkt an uns heran, sogar auf unsere Haut lassen.

Seitdem Internetbewertungen nicht nur von Nutzern, sondern immer häufiger von der Konkurrenz verfasst werden und in den Sozialen Netzwerken *Likes* als Handelsware der digitalen Sympathievergabe dienen („Gibst Du mir ein *Like*, gebe ich Dir ein *Like* ...“), wird das Einschätzen von Qualität immer schwieriger.

Auch bei den Bewertungen von Dienstleistungen ist kaum mehr zu erkennen, welche verlässlich sind und welche nicht: Hier sind wir als Konsumenten aufgefordert, unseren Instinkt zu schärfen und zwischen den Zeilen zu lesen.

In der Produktwelt gibt es jedoch noch immer objektive Maßstäbe, an denen sich ein Wert erkennen lässt – wenn man die dafür notwendigen Informationen besitzt. Diese zu vermitteln und auch einer inzwischen erwachsenen, mit Fast-Food-Ketten und vertikalen Textilanbietern (welche von der Herstellung bis zum Verkauf an den Endverbraucher alle Stationen selbst übernehmen) aufgewachsenen Generation bewusst zu machen, welche Komponenten ein Produkt gut werden lassen, das ist mein Ziel.

Woran erkenne ich nachhaltige Qualität und wie kann ich sie in Bezug auf den geforderten Preis einschätzen? Schließlich sind Stoffe aus der *Fast Fashion* auch auf den *couturigen* Pariser Laufstegen längst zur Norm geworden, und die High-End-Marken müssen nach neuen Möglichkeiten suchen, um sich abzuheben und ihren Preis zu rechtfertigen.

Ich möchte Ihnen Mut machen, beim Einkauf von Textilien, Accessoires und Statussymbolen, Beautyartikeln und Lederwaren Eigenverantwortung zu übernehmen und durch Wissen zu mündigen Kund:innen zu werden, die selbst entscheiden. Preise spiegeln bekanntlich nur zum Teil den Warenwert (Material, Nählohn und weitere Betriebskosten) wider, da sie mindestens auch noch einen Anteil für das Marketing und eine Gewinnmarge für den Verkäufer enthalten. Doch wie erkenne ich als Konsument, wo der Produktwert aufhört und der Preis für das Marketing anfängt? Und wie viel Geld ist das Renommee, eine begehrte Marke zu tragen, überhaupt wert?

Indem es auf diese Fragen eine Antwort sucht, ist *Kleidung nachhaltig Konsumieren* vielleicht kein Buch für Modebegeisterte auf der Suche nach immer wieder Neuem. Das ist ohnehin nicht mehr zeitgemäß.

Es ist aber ein geldwerter Begleiter für Menschen, die sich über ihre Ansprüche – und was sie dafür zu bezahlen bereit sind – Gedanken machen. Zudem liefert es Hinweise zur Pflege einiger Produkte und hilft, Fehlkäufe durch die richtige Wahl auf ein Minimum zu reduzieren. So wird sich stetig unser Verhalten ändern, zufriedenstellend und nachhaltig.

Viele von uns Verbraucher:innen überlegen sich vor einem Kauf bisher nicht ausreichend, welches Resultat sie erwarten (was die Ergebnisqualität verschlechtert) – darum habe ich eine Erwartungshaltung an jede Produktgruppe definiert und diese für die Querleser unter Ihnen als Insider-Tipps zusammengefasst. Denn ich möchte insbesondere die Menschen mit wenig Zeit erreichen, die in einem hektischen Berufsalltag stecken, die berufstätigen Mütter und Väter unter Ihnen, die Manager:innen und Unternehmer:innen auf allen Hierarchieebenen. Schließlich „managen" wir alle, manchmal sogar pausenlos. Das Management unseres nachhaltigen Produktkonsums soll mit diesem Buch leichter werden.

In meiner Laufbahn habe ich viele Betriebe besucht und gesehen, wie dort gearbeitet wird. Denn wo produziert wird, ist Vertrauen Voraussetzung. Ohne diese kann eine Ware allenfalls gut, niemals aber erstklassig werden. Produkte zu schaffen, ist nicht umsonst vergleichbar mit Kuchenbacken: Wird Liebe mit hinein gebacken, schmeckt der Kuchen ungleich viel besser.

Und noch etwas ist für alle Produkte gleich, egal welcher Warengruppe: Die Qualität steigt parallel mit der Zeit, die für ihre Herstellung aufgewendet wurde. Diese Tatsache wird sich auch in Zeiten der Beschleunigung durch Digitalisierung nicht ändern. Natürlich spricht nichts gegen flüssige und effiziente Produktionsprozesse, die schließlich auch den Geldbeutel von uns Käufern schonen. Der Kundenvorteil wird aber hinfällig, wenn ein Stückpreis fixiert, der Produzent im Hintergrund bis an das Limit der Machbarkeit heruntergehandelt wird und schließlich am Rohwaren- oder Materialeinkauf sparen muss, um überhaupt überleben zu können. So entstehen Qualitätsprobleme.

Ursache ist ein Kalkulationsirrtum, durch den Produktionspreise stets mit einem Faktor multipliziert werden. Die Qualität von Produkten ließe sich erhöhen, wenn ein Hersteller bessere Rohstoffe oder Bestandteile verwendete, die Verdienstspanne aber als fixen Geldbetrag definierte.

Ein Beispiel: Nehmen wir an, wir haben ein Textilprodukt, dessen Materialwert bei 50 Euro liegt. Hochwertigere (in der Textilproduktion sogenannte) Zutaten wie zum Beispiel teure Knöpfe und Einlagen würden den Materialwert auf 55 Euro erhöhen. Bei einem branchenüblichen Kalkulationsfaktor von 3 läge der Verkaufspreis auf einmal bei 165 Euro – statt wie vorher bei 150 – und wäre damit dem einen oder anderen Kunden zu teuer.

Anders bei einer fix definierten Verdienstspanne: Nehmen wir an, sie soll 100 Euro betragen – denn der Aufwand für das Annähen von teuren oder billigen Knöpfen ist der gleiche –, dann könnte das Kleidungsstück für 155 statt 165 an den Kunden verkauft werden, obwohl die Produktqualität verbessert wurde. So ließen sich absatzfreundliche Preise gestalten, die nicht auf Kosten von Lieferanten und Qualität gehen.

In unserer Produktwelt gibt es genügend Herausforderungen, die wir als Endkunden nicht beeinflussen können, wie zum Beispiel die Zahlungsmodalitäten, durch die heute ein Produzent – und nicht mehr der Handel selbst – die Warenlager vorfinanziert. Fangen wir aber bei Dingen an, die uns als Verbraucher möglich sind, und gehen wir mit offenen Augen durch die Geschäfte und virtuellen Stores, dann können wir sehr wohl beeinflussen, welche Konsumkultur wir in Zukunft leben wollen. Zumindest für uns selbst.

Damit verlassen wir die Opferhaltung und schaffen Mehrwerte für uns selbst *und* die Quellen. Die Vorteile liegen auf der Hand: Indem wir weniger, bewusster und hochwertiger konsumieren

- sparen wir Geld.
- sehen wir besser aus.
- sind wir Vorbild für unsere Kinder.

So ist intelligenter Konsum nicht zuletzt die logische Antwort auf die Frage, was guter Stil eigentlich bedeutet: Er schließt den verantwortlichen Umgang mit Menschen, Ressourcen und Gütern ein.

Ihre und Deine Katharina Starlay

PS: Vorname und *Sie* ist eine Anrede, die ich gerade in Seminaren sehr mag – höflich, persönlich und international zugleich. Deshalb möchte ich im Verlauf des Buches dabei bleiben und dabei natürlich auch die Anrede mit Nachnamen einbezogen wissen. Wenn Dir das *Du* aber näher ist, fühl' Dich bitte ebenfalls angesprochen – denn was ich vermittle, schreibe ich mit viel Herzblut für Sie *und* Dich.

Innehalten – Sieben unbequeme Fragen zu Beginn

1. Sind es wirklich die Hersteller, die für unseren nachhaltigen Konsum verantwortlich sind?

Neulich auf der *Pariser Fashion Week*: Spektakulär soll sie gewesen sein, die Show des Couture-Hauses *Influence Type*. Doch das Label hat auch den Puls der Zeit gespürt, den Ruf nach Nachhaltigkeit und die eindringliche Sorge um Planeten-Ressourcen vernommen. Und so sitzen die illustren Gäste in der *Front Row* sowie alle anderen hinter ihnen auf Holzbänken aus nachhaltiger Forstwirtschaft, die anschließend wiederverwertet werden können.

Dieses Beispiel zeigt, welchen Wert Nachhaltigkeit leider vielfach hat: Sie ist zum Marketing-Tool avanciert. Gut genug, um die Presse positiv zu stimmen, das Gewissen grün zu waschen – und den Konsum weiter anzuheizen. Denn von einer Nachhaltigkeit der Kollektion selbst kann nur bedingt die Rede sein:

Viele Unternehmen, die mit Nachhaltigkeit werben, weisen sogar nur geringe prozentuale Anteile nachhaltig erzeugter Rohwaren aus – dürfen die Produkte aber als „grün“ kennzeichnen. Oder sie produzieren einzelne Kollektionen nach strengeren Richtlinien und bewerben diese entsprechend – stellen aber den überwiegenden Teil des Sortiments konventionell her.

Nachhaltigkeit ist vernünftiger Umgang mit den Ressourcen in diesem Sinn: Man sollte nur so viele Bäume schlagen, wie auch nachwachsen können.
Der Weltüberlastungstag *(Earth Overshoot Day)* – also der Tag im Jahr, an dem wir global alle Ressourcen verbraucht haben werden, die im gleichen Jahr nachwachsen können – rückt aber weiterhin jährlich nach vorne. Haben wir als Gesellschaft noch immer nichts verstanden?

Liest man Stellenanzeigen für *Corporate Social Responsibility* (kurz: CSR-) Manager, kann einen zwar die große Hoffnung überkommen – aber mehr *Player* im Spiel können auch schaden: Bei der Beschleunigung der Textilmärkte und der Ausbeutung von Natur und Menschen waren wir ja ebenfalls alle dabei.

„*Sustainability has become the key driver for innovation.* – Nachhaltigkeit ist die Schlüssel-Triebkraft für Innovation geworden", liest man zum Beispiel in einem Branchen-Interview des Textilgewerbes. Zwei Seiten weiter findet sich auf wundersame Weise eine ganzseitige Anzeige der Jeansmarke, deren Pressesprecher die interviewte Person ist.

Solange das Wort also zum Verkaufsargument degradiert wird, dürfen wir uns Gedanken zu unserem eigenen Konsumverhalten machen. Auch wenn das in unserer Konsumwirtschaft niemand hören mag ...

2. Welche Punkte stehen zur Diskussion?

Solche Reflexionen und ein Blick auf das gesellschaftlich geläufige Konsumverhalten bringen uns schnell an einen Punkt, an dem uns manchmal der Kragen platzen könnte: Was sind unsere *Aufreger* im Straßenverkehr? Was unsere hitzigen Debatten im Freundeskreis? Was unsere Sorgen beim Nachdenken über die Welt unserer Kinder? Zusammenfassend doch diese:

- **Die Herstellungsmethoden und -bedingungen**
  Niemand will für menschenunwürdige Produktionsbedingungen, Farb-, Gerb- und Giftstoffe im Wasser oder eine hohe CO_2-Belastung verantwortlich sein. Zum Beispiel werden nicht verkäufliche oder wiederverwertbare Textilien aus Altkleider-Containern als Heiz- und Brennmaterial in andere Länder exportiert. Durch die massive Zunahme synthetischer Bestandteile in den Stoffen der *Fast-Fashion*-Industrie in den letzten zig Jahren aber entstehen bei deren Verbrennung giftige Gase, wie diverse TV-Sender in Spätabendsendungen vermitteln. Ganz zu schweigen vom Wasserverbrauch in der Herstellung dieser Textilien – dazu später mehr.

- **Lieferwege und dadurch entstehende Umweltbelastungen**
  Wer spricht über die abgasintensiven Staus, die durch in zweiter Reihe parkende Zustelldienste in den Innenstädten verursacht werden? Denn auch E-Autos von Zustellern müssen irgendwo parken ... Und die meisten Fahrer lassen auch noch den Motor laufen, um Zeit zu sparen und den Zustelldruck bei Mindestlohn zu erfüllen. Zwar regen wir uns darüber auf – wenige jedoch erinnern sich daran, wenn sie den nächsten Internetkauf tätigen. Auf alle Fälle ist es sinnvoll, Bestellungen zu bündeln, damit nicht lauter Sendungen mit Einzelteilen unterwegs sind. Denn dann sind auch regional hergestellte Produkte, die *nicht* um die halbe Welt fliegen, kaum noch nachhaltig.

- **Langfristige Folgen für unseren Globus und die Nachwelt**
  Die Generation der mit Vertikalanbietern aufgewachsenen Personen, welche die Wegwerf-Konsumkultur leben, ist inzwischen erwachsen. Die verkürzte Tragedauer von Textilien hat naturgemäß zur Folge, dass sich diese Generation mit den textilen Fasern, ihrem Ursprung und ihren Trage- und Pflegeeigenschaften noch nie befasst hat. Dieses Wissen soll nicht nur nicht verloren gehen, sondern auch genutzt, gelebt und vorgelebt werden. Dazu muss es lebendig erhalten werden.

3. Was bringen Öko-Siegel und Zertifikate zum Auszeichnen umweltbewusster Stoffe und Accessoires?

Auf der *ReSource*-Seite der für den deutschsprachigen Raum relevanten Fachmesse für Stoffe und textile Flächen *Munich Fabric Start* werden die gängigen Nachhaltigkeitssiegel und wofür sie stehen beschrieben: www.resource-textiles.com/zertifikate/ [1]

Auch die Verbraucherzentrale informiert darüber, gibt sogar Konsumtipps und verlinkt auf die Seite „Siegelklarheit“ der Bundesregierung. Dort findet sich auch ein Siegelverzeichnis mit Glaubwürdigkeits-Barometer: www.siegelklarheit.de/siegelverzeichnis

[1] Alle der im Buch vorkommenden Internetlinks wurden zuletzt im Januar 2023 aufgerufen.

Schwierig für uns Verbraucher ist tatsächlich, dass kaum jemand alle Siegel kennt und der Dschungel der Labels tief ist – wie bei allen Märkten. Denn Zertifizierungen kosten – und bringen – Geld. Für die Produzenten bedeutet dies, dass viele Verbraucher ein Siegel zur Orientierung zwar begrüßen würden – aber nicht bereit sind, es mit einem höheren Preis zu bezahlen. Damit stecken viele Hersteller in der Klemme, wenn sie wirtschaftlich und konkurrenzfähig arbeiten wollen.

Darüber hinaus gibt es das Bündnis für nachhaltige Textilien, *Textilbündnis* genannt, welches laut Wikipedia „Verbesserungen entlang globaler Wertschöpfungsketten in der Textilindustrie" zum Ziel hat. Die jeweils aktuelle Mitgliederzahl lässt sich auf der Webseite des Bundesministeriums für wirtschaftliche Zusammenarbeit und Entwicklung (BMZ) unter Entwicklungspolitik – Textilwirtschaft – Textilbündnis einsehen: https://www.bmz.de/de/themen/textilwirtschaft/textilbuendnis-14998. Wichtige sogenannte *Roadmap*-Themen, also Stationen des Projektplans, sind: nachhaltige Baumwolle, Reduktion gefährlicher Chemikalien, transparente Lieferketten sowie soziale Standards. Das zu vertiefen und das für uns undurchsichtige System einer Schattenwirtschaft mit Zweit- und Drittlieferanten durchschaubar zu machen, wäre eine eigene Publikation wert, ist aber nicht Ziel dieses Buches. Wir interessieren uns für das, was wir *selbst* beitragen können.

4. Passen Nachhaltigkeit und Stilberatung zusammen?

Unser persönlicher Textilkonsum hängt im Wesentlichen von unserer Zufriedenheit mit uns selbst in unserer Kleidung ab. Und hier kommen wir an den Grat zwischen Mode und Stil: Die Mode als Industrie hat kein Interesse daran, dass wir uns in unserer Kleidung wohlfühlen. Sie möchte, dass wir ewig hungrig bleiben auf der Suche nach dem ultimativen Look – nur dann kaufen wir.

Erst wenn wir wissen, was uns steht, passt und gefällt, brauchen wir nicht mehr permanent durch die (virtuellen) Läden zu ziehen und haben eine kleinere Garderobe mit Teilen, die uns in jeder Situation gut aussehen lassen. Somit wird die gute alte Stilberatung zu einem wichtigen Tool in unserer textilen Nachhaltigkeitsdebatte, weshalb der Suche nach der geeigneten Stilberatung hier ein eigenes Kapitel gewidmet ist.

5. Machen *Casualisierung* und Homeoffice stilvolle Kleidung überflüssig?

Die *Casualisierung*, also die immer lässiger werdende Kleidung im Straßenbild, ist kein neuer Trend – aber einer mit Dynamik: Zu groß das Bedürfnis nach Individualität, Komfort und Selbstausdruck. Wir wollen als Menschen und nicht als Funktionsträger:in eines Branchen-Dresscode gesehen werden. Nur klappt das selten mit der Individualität –, wenn man sich bewusst macht, dass Jeans, Jogginghose und weiße Sneakers zur Uniform unserer Neuzeit avanciert sind.

Eine groß angelegte Studie der Management- und Technologieberatung *BearingPoint* kommt sogar zu dem Schluss, dass der nicht definierte Dresscode zwischen *Business* und *Casual* ganze Abteilungen und Unternehmen spalten wird: Das eine Signal für Kompetenz und einen höheren Tagessatz – das andere synonym für die agile Transformation der neuen Arbeitswelt.

Hier wird aber auch der Unterschied zwischen Dresscode und persönlichem Stil besonders bedeutsam: Auch wenn der Rahmen lässiger wird, darf, was wir tragen, unseren Typ betonen und unsere Persönlichkeit zeigen. Tut es das, setzt die oben erwähnte Zufriedenheit ein, und der mit Lieblingsteilen gefüllte Kleiderschrank wird aufgetragen oder fließt in den *Second Hand*-Kreislauf.

Noch eine Bemerkung zu den so beliebten weißen Sneakers: Die Produktidee als solche ist eher sinnbefreit und in der Menge des Trends auch alles andere als nachhaltig: Die meisten sind vollsynthetisch – inmitten einer Gesellschaft, die sich um Mikroplastik in unseren Weltmeeren Sorgen macht. Zudem sind sie weiß und werden dadurch mit einer Zuverlässigkeit unansehnlich, dass der zügige Nachkauf so sicher ist, wie wenn wir unsere Autos mit weißen Reifen versehen würden ... nur dass letztere einen höheren Abrieb auf dem Straßenbelag haben. Mikropartikel, die in der Atmosphäre und im Kreislauf landen, zum Beispiel beim Waschen der Sneakers. Und ja: Auch vegane Retro-Sneakers, deren Obermaterial aus recycelten PET-Flaschen gewonnen wird, werden schneller dreckig, wenn sie weiß sind.

6. Was unterscheidet *Vintage* und *Second Hand*?

Waren aus zweiter oder dritter Hand, freundlicher formuliert *preloved pieces*, beschreiben Kleidungsstücke der letzten zehn bis 15 Jahre und ihren Mehrfachbesitz. Nur Teile, die entsprechend gut verarbeitet sind, taugen auch dafür – wie aus der textilen Qualitätsfrage weiter hinten im Buch zu lesen ist.

Indem wir möglichst hochwertige, gebrauchte Stücke an uns heranlassen, werden wir Teil eines positiven Kreislaufs vom – nicht selten lustvollen – Erwerb über die Freude am Tragen bis zum Wiederverkauf. So manche:r erlebt bei der Jagd nach seltenen Stücken ein erhebendes Gefühl sowie Stolz, sobald diese sein oder ihr eigen sind.

Investieren statt einfach kaufen, so die Botschaft.

Schließlich rankt sich um *Vintage* der Kult, bestimmte rare Stücke zu tragen und zu haben, die mindestens symbolhaft für den Stil ihrer Epoche stehen und nicht selten durch legendäre Vorbilder Kultcharakter haben. Die *Kelly Bag* gehört genauso dazu wie Kollektionsteile berühmter *Couturiers* von Chanel bis KL. Diese Liebhaber-Stücke müssen mindestens 20 Jahre alt sein und leben von der Markenidentität. Ein eigener Markt, die edlen Oldtimer der Mode. Das Ikonische an den bekannten Silhouetten und Stücken treibt deren Wiederverkaufspreise in schwindelerregende Höhen und eint ganze Communities. Und so ist Besitzerstolz ein nicht unerheblicher Teil dieser Szene. Dabei lehnt sich die erste Silbe „vin" an die Assoziation eines ehrwürdigen und erlesenen Weines an. Ein Mythos als Markt.

Erfolgreich wird die Jagd aber nur, wenn wir wissen, welche Silhouetten uns stehen und gut aussehen lassen – sonst wird der

Glücksfall schnell zum stilistischen Unfall, da es für den Stil der Vergangenheit keine Vorbilder in der Gegenwart gibt, die uns sagen, wie die Stücke am besten kombiniert werden, damit sie zeitgemäß wirken.

7. Was können wir tun?

Das WWW liefert inzwischen reichlich und auch zuverlässige Information über Transportwege, die neue Seidenstraße oder den Wasserverbrauch. Der historische Begriff der Seidenstraße etwa beschreibe heute – seit 2013 – „Projekte zum Auf- und Ausbau interkontinentaler Handels- und Infrastruktur-Netze zwischen der Volksrepublik China und über 60 weiteren Ländern Afrikas, Asiens und Europas", so Wikipedia. Sie dient damit rein wirtschaftlichen Interessen, die von bestimmter Seite betrieben werden. Das zu entwirren würde noch ein drittes Buch füllen.

Über unseren Wasser-Fußabdruck und die Relation von direktem Wasserverbrauch (Trinken, Kochen, Duschen und Waschen) zum indirekten alias „virtuellen" (Konsum von Produkten, deren Herstellung andernorts Wasser verbraucht) informieren uns ebenfalls Artikel wie beim Bundesumweltamt: Die Produktion eines einzigen T-Shirts beispielsweise braucht das 19-fache des täglichen Wasserverbrauchs einer statistischen Person in Deutschland.

Während der persönliche Durchschnittsverbrauch also derzeit bei 120-130 Litern pro Tag liegt, braucht das T-Shirt von 250 bis 300 Gramm Warengewicht allein etwa 2.500 Liter – und das, noch bevor es in unsere Waschmaschine gewandert ist. Hochgerechnet werden für die Produktion von 1 kg Baumwolle (als sehr durstiger Pflanze) 10 000 Liter Wasser eingesetzt – für die hippe Jeans mit etwa 800 Gramm pro Stück demnach rund 8.000 Liter. Das alles ist noch nichts gegen die Produktion von Rindfleisch: 1 kg schlägt mit gut 15 000 Litern Wasser in seiner „Herstellung" zu Buch.

Dabei überrascht die Parallele von der Nahrungsmittel- zur Textilindustrie nicht wirklich: Die Bewegungen in der ersten Branche finden wir in der Regel eine Dekade später in der zweiten wieder – zum Beispiel, wenn es um den Ruf nach regionaler Beschaffung geht. Nur ist die Rückabwicklung in der Textilindustrie fast unmöglich, der Schaden immens: Die gewachsenen Strukturen eines über Jahrzehnte entstandenen Maschinenparks, in dem die Apparate und Prozesse optimal aufeinander abgestimmt waren, sind längst aufgelöst, ein Neuaufbau heutzutage kaum finanzierbar. Die „unkaputtbare" Qualität einer alten Nähmaschine beispielsweise ist durch eine moderne aus China, welche garantiert mit einer früh einsetzenden Sollbruchstelle und einem hohen Wartungsbedarf ausgestattet ist, nicht zu ersetzen. Zudem ist mit den Betrieben auch viel Fachwissen der Textilproduktion verloren gegangen.

Inzwischen werben Hersteller von *Denim* (Jeans) sogar mit zu 100 % nachhaltigen Fasern bei 0 % Wasserverbrauch. Und während wir das alles nicht überprüfen können und uns als Endverbraucher allenfalls fragen, womit die Baumwollpflanze stattdessen bewässert wurde, geht es weiterhin darum, die gewonnenen Erkenntnisse auf unseren individuellen Konsum zu übertragen:

Es ist im eigenen Interesse und in dem unserer Kinder,

- vor jedem Kauf unsere Bedürfnisse und die Anforderungen daraus zu definieren.
- uns Wissen anzueignen und uns zu informieren (mit dem schönen Zusatznutzen der Bildung).
- dieses Wissen (und den Respekt vor Ressourcen) an unsere Kinder weiterzugeben.
- die beste Preisleistung für unseren Bedarf zu eruieren.
- die Ware gut zu pflegen und zu behandeln.
- ... und entsprechend lange zu behalten.

Das umzusetzen, davon handeln die nächsten Kapitel.

Nach dem Kauf ist vor dem Kauf

Garderobeninventur – wo Nachhaltigkeit beginnt

Zu Beginn der Corona-Ära quollen die Annahmestellen für Altkleider über vor Waren – nicht selten ungetragenen Teilen, die noch mit Etikett versehen und ungeliebt in einen Kreislauf zurück wanderten, der vielleicht keiner ist. Denn *Fast Fashion* ist nicht dafür gemacht, in die Zweitverwertung zu gehen, dazu sind Qualität und Verarbeitung einfach nicht gut genug. In der Verbrennung nämlich schmilzt das so beliebt gewordene und aus Erdöl gewonnene Polyester zu einer klebrigen schwarzen Masse, die bei Erkalten eine harte, schwarze Kruste bildet. Zum Vergleich: Wolle etwa zerfällt in der Brennprobe zu einer hellen, feinen Asche …

Neben der treffenden Nachhaltigkeitsfrage für den Erwerb von Textilien weiter hinten im Buch bewegt doch dieser Gedanke: Gefällt, steht und passt es mir so gut, dass ich es länger behalten werde?

Alles andere macht keinen Sinn, wenn man den Konsum zu Ende denkt – ganz abgesehen davon, dass Fehlkäufe ganz unmittelbar auch unser eigenes Konto belasten. Natürlich widerspricht das dem *Influencer*-Kult, immer wieder neue (*Streetwear-*) Teile im immer wieder gleichen Style zu *hypen*. Aber *Street Credibility* ist ja auch nicht unser Anliegen, wenn wir umdenken wollen: Neue Gedanken und Revolutionen kommen bekanntlich von unten – in dem Fall aus den Tiefen unserer Kleiderschränke.

Im Dialekt der Modebranche ist von einer *Capsule Wardrobe*, einer Kapselgarderobe die Rede, wenn mit wenigen und wandelbaren Teilen möglichst viele interessante Outfits zusammengestellt werden können. Kombi total. Und das ist letztlich auch cool, wenn man reist.

Demgegenüber wird vielfach von *Circular Collections* gesprochen, wenn die einzelnen Komponenten der Stoffe kreislauffähig – also wiederverwertbar sind. Aber auch das wird gerne als Verkaufsargument genutzt. In unserem Konsumverhalten sollten die für uns

nicht überprüfbaren Ingredienzien weniger eine Rolle spielen als die Frequenz. Klasse und Masse einmal umgedreht.
Bei Vorträgen oder Geschäftsterminen trage ich immer mal wieder ein bestimmtes Kleid, das man schon öfter an mir gesehen hat, denn ich trage es mehrfach im Jahr: Der Stoff kommt von einem Weber aus Deutschland, dessen Produktion ich besucht habe. Ich erinnere mich noch gut an die Überlegungen, was ich mir daraus fertigen lassen möchte, an die Anproben und das Gefühl, als die fertige Kleidung bei mir eintraf. Und so habe ich viele „bestimmte" Kleidungsstücke, die mit Erinnerungen verbunden sind – Eindrücke, die in das Teil eingewoben und den Körper bei jedem Gebrauch zu umhüllen scheinen. Unabhängig davon, ob es wie bei diesem Kleid die Entstehung oder der freudvolle Einkauf, ein Geschenk oder die gute Beratung ist, an die wir uns erinnern: Kleidung, die Geschichten erzählt, hat einen emotionalen Wert.

Auch *Royals* und wenige Prominente lassen sich übrigens inzwischen bei der Wiederholungstat des erneuten Tragens von prägnanten Outfits ablichten – Vorbilder, die Mut machen und uns zu noch mehr Nachahmung anregen sollten.

Natürlich setzt das voraus, dass wir halbwegs *maßhaltig* sind und unsere Körpermaße nicht laufend verändern, denn 4 cm Umfang machen bereits eine Konfektionsgröße aus. Aber das kann ja auch Motivation zu einem gesunden Lebensstil sein, bei dem wir unser Wohlfühlgewicht halten.

Wie geht nun eine Garderobeninventur, welche nachhaltige Planung integriert – statt einfach nur willkürlich „auszumisten"?

Der Nachhaltigkeitsgedanke funktioniert nur, wenn wir genügend Kleidung besitzen, die uns in der Erfüllung unserer Alltagsaufgaben in jeder Situation gut aussehen lässt. Nur dann wird jeder Neukauf zu einem freiwilligen, lustvollen Vergnügen. Dazu muss man auch etwas über sich selbst und (guten) Stil wissen. Wie organisiere ich also meinen Kleiderschrank, damit meine Garderobe mir dient – und nicht umgekehrt?

Gefühlt stellen sich sehr viele Frauen und so manche Männer mehrmals im Monat die erschöpfende Frage, was sie heute nur anziehen sollen? Es sind drei Umstände, die uns den Umgang mit der eigenen Garderobe erschweren und im morgendlichen Ablauf Zeit und Nerven kosten:

- Die wenigsten haben eine Garderobe mit Plan.
- Die Schranksysteme mit unterschiedlichen Abteilungen für Jacken / Sakkos, Blusen / Hemden und Röcken / Hosen zwingen uns dazu, täglich neu kombinieren zu müssen.
- Wir sind oft nicht sicher, welcher Dresscode für bestimmte Veranstaltungen gelten soll – geschweige denn, wie wir uns an dem Tag fühlen.

Es lohnt sich also, die Zeit für die Planung *einmal richtig* zu investieren, wenn der Kleiderschrank dadurch zu einem verlässlichen Begleiter im Alltag wird, der unsere Selbstsicherheit stärkt. Denn nichts ist störender als die nagende Frage, ob man angemessen und gut (genug) gekleidet ist …

Eine Garderobeninventur setzt einen realistischen Blick auf sich selbst voraus – und die Fähigkeit, die nostalgische Brille abzulegen und Teile zu verabschieden, die schon lange Schrankleichen sind. *Free your life* vom Ballast der Vergangenheit: Das gilt für die täglichen Begleiter noch viel mehr als für jeden Dachboden.

Strategische Garderobenplanung: Machen Sie sich zuerst einmal einen Plan, was Sie im Kleiderschrank überhaupt brauchen, um Ihr Leben kleidertechnisch abdecken zu können. Eine junge Mutter mit Tochter im Sandkastenalter und Job im Homeoffice braucht eine ganz andere Garderobe als eine Managerin mit Reisetätigkeit und abendlichen Gala-Events. Entsprechend schreiben Sie auf, was Sie benötigen, um eine volle Woche inklusive Wochenendaktivitäten kleidertechnisch zu überstehen, ohne eine Kombination zu wiederholen. Ich nenne es die *Survival Wardrobe*. Sie ist das Mindeste, was Sie im Schrank haben sollten. Wenn Sie nicht hinter jeden Posten Ihrer persönlichen Überlebensgarderobe einen Haken machen können, kann Ihr Stilalltag nicht funktionieren! Oft sind die Einzelteile in Ordnung – aber es fehlen die Schlüsselteile, um sie mit anderen Kleidungsstücken zu kombinieren. Was fehlt, muss zeitnah angeschafft werden – bitte bevor Sie sich das nächste trendige Luxusteil leisten.

Ein Termin mit sich selbst: Überprüfen Sie zweimal jährlich bei Tageslicht (!) Ihre gesamte Garderobe auf Aktualität, den Zustand der Ware und vor allen Dingen auf die Passform. Das gehört zur berühmten Achtsamkeit im Umgang mit sich selbst und dem eigenen Image.

Ein Stück, das nicht passt oder sitzt, tut nichts für Sie. Und auch ein abgerissener Knopf oder Glanzstellen an Sitz- und Auflageflächen können zur mittleren Katastrophe werden, wenn man sie erst im Hotelzimmer vor einem wichtigen Anlass bemerkt – und kein Plan-B-Outfit dabeihat. Die Selbstsicherheit im Auftritt kann man an so einem Tag dann vergessen. Deshalb als warmer Tipp für Präsentationen: Immer ein B-Outfit einplanen!

Außerdem sollten Sie auch gut erhaltene Stücke, die zu Ihrem Typ nicht passen, wieder in den Umlauf geben, zum Beispiel als *Second Hand*-Ware, die dadurch weiterlebt. Räumen Sie Textilien, die Sie in einer Saison nicht tragen, also zum Beispiel Hochsommerkleidung in der Wintersaison, komplett weg. Das schafft Raum und Übersicht im Schrank.

Das Gleiche gilt für Sachen, die Sie eine Weile nicht getragen haben oder bei denen Ihnen die Kombinationsmöglichkeiten fehlen. „Aus den Augen – aus dem Sinn" ist der Gedanke dahinter. Oft entdecken Sie die Teile ein halbes Jahr später wieder neu – wie einen Freund, den man länger nicht gesehen hat. Und es ist auch nicht richtig, dass ausrangiert werden muss, was Sie seit einem Jahr nicht getragen haben – das ist eher im Interesse anderer und wider die Nachhaltigkeit. Entscheidend ist, *warum* Sie es nicht getan haben.

Konsequent kombinieren: Beim Durchprobieren Ihrer Garderobe stellen Sie sich Ihre Kleidung zu modischen Outfits beziehungsweise Kombinationsgruppen zusammen. Links also eine oder zwei Jacken / Oberteile, dahinter die dazu passenden Blusen und Shirts sowie entsprechende Hosen oder Röcke (Spätestens hier fällt Ihnen auf, welche Schlüsselteile noch fehlen.) So können Sie später auch morgens um sechs Uhr bei Kunstbeleuchtung fast blind hineingreifen und sind gut angezogen.

Falls Sie als Mann überhaupt noch Krawatte tragen, bewahren Sie diese am besten um den Kragen gelegt auf, natürlich nach dem obligatorischen Flecken-Check. So haben Sie auch bei morgendlicher Hektik griffbereit, was Sie in Ruhe und bei authentischer Beleuchtung zum restlichen Outfit passend ausgesucht haben.

Spezielle Kombiteile wie die perfekte Handtasche zum Outfit oder das perfekte Einstecktuch können Sie als Notiz oder ausgedrucktes Foto mit an den Bügel klemmen, so rätseln Sie nicht, was Sie sich einmal zusammengestellt haben. Oder Sie machen gleich ein Foto von jedem vollständigen Look, speichern alle ab und werden Ihr eigener *Influencer* ...

Homeoffice-Style – cool oder Kontrolle verloren?

Wir stehen am Anfang einer neuen Ära. Anzug und Krawatte, Kostüm und Kleid – diese Elemente eines veredelten Looks scheinen vergangen und vergessen zu sein. Und doch, in uns lebt eines der menschlichsten Bedürfnisse überhaupt: Der tiefe innere Wunsch, von anderen positiv gesehen und wahrgenommen zu werden. Die Sehnsucht nach Schönheit.

Wie kann ein gepflegter Dresscode in der Neuzeit aussehen, ohne verstaubt und gestrig zu wirken?

Um die Wirkung eines Anzugs – also Ober- und Unterteil aus einem Stoff – nachzuvollziehen, müssen wir einen Schritt zurücktreten und in die Vergangenheit schauen. Denn in manchen Zeiten war die Stoffarmut so groß, dass die Kombination verschiedener Stoffe auch für den Mann unausweichlich war. Immer dann aber, wenn es der Wirtschaft wieder besser ging, konnten sich Männer von oben bis unten in ein und dieselben Tuche hüllen – oder Frauen in weite Röcke und üppige Roben. Bis heute stehen großzügig eingesetzte Gewebe für gute(s) Wirtschaft(en). Das macht den klassischen Anzug zu einem international anerkannten Signal der gepflegten Kleidung, das Achtung erzeugt.

Heute laufen wir eher freiwillig in knapp bemessener Montur durchs Leben und fragen uns kaum noch, wie andere uns sehen. Oder doch?

In einem Artikel auf faz.net vom 11. August 2021 titelt Autorin Stefanie von Wietersheim: „Wer Anzüge trägt, hat sein Leben nicht mehr im Griff“ und kommt, wie viele vor ihr, doch zu dem Schluss, dass Bizeps-Shirt, Hoodie, schmale Hosen und weiße Turnschuhe zur neuen Uniform avanciert sind und auch ihre Träger nicht daran vorbeikommen, dass es die Persönlichkeit ist, die einen Stil formt.

Am Ende, so resümiert sie, federe der Mann in geschlechtsloser Mode auf Gummisohlen daher, gebe sich empathisch im Feinstrickpullover ... und stelle sich vielleicht ein paar Fragen.

- Wie nun geht der *Casual-Chic*, wenn wir auf die textile Wertschätzung nicht verzichten wollen?
- Wie ein Style, der auf Krawatte verzichtet und doch angezogen wirkt?
- Was macht eine Frau zur Lady, wenn die dunkelblaue Uniform müde geworden ist?

Die neue Lässigkeit im Business für Männer: Schon in wenigen Jahren werden wir unterscheiden können, welche Garderobenteile vor Corona entstanden sind – und welche danach. Fällt nämlich die Krawatte weg, stellt das viel größere Herausforderungen an das Gewebe und die Kunst der Kombination. „Der Anzug erfordert kein Nachdenken" – das war gestern. Heute sollen und wollen textile Flächen so beweglich wie der Mensch selbst sein, dürfen mehr Muster aufweisen und werden zunehmend mit individuellen Details ausgestattet wie geschichten-erzählenden Futterstoffen, auffälligen Knöpfen oder andersfarbigen Knopflöchern. Und auch die Weste, in der Stilvorbilder wie der britische Fußball-Nationaltrainer Gareth Southgate Furore machten, wirkt angezogen und stylish zugleich. Sie macht einen Mann im Hemd im Handumdrehen unwiderstehlich ...

Der gute alte Zweiteiler ist also nicht obsolet – er wird neu gedacht. Das erlöst uns von der journalistisch aufgemixten Diskussion, ob Anzüge nun sein dürfen oder nicht: Sie werden einfach neu interpretiert, sind lässiger und so bequem, dass ein Mann darin wohnen möchte.

Das Homeoffice und die steile Karriere der Videokonferenzen haben allerdings nicht selten belustigende Szenen zur Folge, in denen sich Männer oben herum in Hemd und Sakko der Kamera präsentieren – und *unter dem Radar* in Shorts und Hausschuhe gekleidet sind. Oben schick, unten schäbig. *Below the line* einmal anders ... Cartoons über diesen Umstand und manche Fotos sind Renner in den sozialen Medien.

Das Problem dieser Bekleidungsmarotte ist nur, das es das Schuhwerk ist, das die ganze Haltung trägt, und sogar Einfluss auf den Klang der Stimme hat. Oben schick, unten schäbig ...

Auch manche Chefs wundern sich seit der partiellen Rückkehr in die Büros, wie ihre Teams im Firmensitz erscheinen – oder die Mitarbeiter, wie ihr Vorgesetzter aufkreuzt.

Die neue Lässigkeit im Business für Frauen: Die Frau indes, oder wer sich in Frauenkleider hüllen möchte, darf die farbige Jacke mit meist schwarzer Hose oder das gute Dunkelblaue abstreifen und sich Erbaulicherem zuwenden: Nach einer gefühlten Ewigkeit, in der langwallende Blumenkleider oder eben jene *Ensembles* zum Straßenbild gehörten, ist auch unser Selbstverständnis im textilen Zeitgeist so weit, dass wir „auf Linie" und damit mehr auf Figur gehen können, denn eine gute Passform ist auch in der Damenmode einfach bestechend.

Der Zeitgeist hat in den letzten Jahren den *Oversize-Look* lanciert. Im Homeoffice tragen Frauen heute bequeme Chosen (Einzelteile) oder verschmelzen mit ihrer Jogginghose.

Nur sieht das Unkonfektionierte zwar an den Models in Style-Blogs gut aus, lässt sich aber auf die Lebenspraxis, in der wir wirken wollen, kaum ohne Verluste übertragen: Die meisten sehen darin nämlich aus, als trügen sie einen Kartoffelsack. Ist die Dame zudem nicht sehr groß, wirkt die Kleidung unvorteilhaft und es wird schnell der sprichwörtliche „laufende Meter" daraus.

Edel wird es dagegen, wenn die Kleidung der Figur ein Kompliment macht und die Linie der Körpersilhouette sanft nachzeichnet. Dann wird aus *Fashion* eine Frau – ob im Etuikleid in tollen Farben oder im Blazer mit einer farblich abgestimmten Hose, die vielleicht nicht schwarz sein sollte.

Ob Männer- oder Damenmode: Unser Blick hat sich geändert – und mit ihm unsere Art, Kleidung zu tragen und zu kommunizieren, wofür wir stehen. Das Bild, das wir in den Köpfen der anderen entwerfen, ist nach wie vor wichtig – eröffnet es doch den Dialog zwischen Menschen verschiedener Kulturen, Typen, Altersklassen. Nun rückt beispielsweise eine neue Generation nach, die neue Maßstäbe anlegt:

- Bodykult und Basis-Fitness – der Körper selbst wird zum Statussymbol, nicht das Auto.
- Werte wollen nicht nur propagiert, sondern auch gelebt werden.
- Nachhaltigkeit steht über allen Handlungen.

Diese Themen lenken den Blick weg von materiellen Werten hin zur Gestaltung des eigenen Selbst.

Denn Augen und Seele genießen die positive Rückmeldung aus dem Spiegel: Mit bewusst gewählter Kleidung treffen wir eine Aussage darüber, welchen Wert wir dem Gegenüber, dem Anlass und uns selbst beimessen. Auch vor der Kamera. Es passt in die Welt neuer Werte.

Help! –
So reklamieren Sie stilvoll

Stefan, arrivierter Hochschuldozent mit familiärem Hintergrund, atmet tief ein, um die freundliche Frage der Verkäuferin, was sie für ihn tun könne, zu beantworten. Schließlich will er eine Reklamation platzieren und jeden Einwand der Frau im Keim ersticken. Eigentlich weiß er, dass die auf dem Kassenbon vermerkte Umtauschzeit schon seit vielen Wochen überschritten ist. In barschem Ton und mit dominanter Geste bemängelt er die Funktionsleistung der Ware im Allgemeinen, die Qualität im Besonderen und die Serviceleistung des Ladens überhaupt. Und außerdem: Er sei mit einem Rechtsanwalt befreundet und kenne seine Rechte.

Die Verkäuferin lauscht dem Monolog sprachlos: Sie hatte den Kunden damals beraten und sich besondere Mühe gegeben, ihn seinen Vorstellungen entsprechend zu bedienen. Sie hätte gerne auch nach Verkaufsabschluss Rückfragen beantwortet oder den Artikel, ohne mit der Wimper zu zucken, umgetauscht, bevorzugt natürlich innerhalb der Rückgabefrist.

Andrea hat sich übernommen. Es war aber auch zu verführerisch, sich im Nobelwarenhaus vom französischen Starvisagisten Philippe der Luxusmarke *Hollywood Hype* schminken zu lassen, und so hat sie einfach alles gekauft, was er ihr aufgetragen hat: Den Puder mit Micro-Goldstaub, der Fältchen unsichtbar macht, den Lippenstift mit Lip-Booster, der die Lippen voller macht, und Mascara mit orientalischem Duft, der den Augenaufschlag tiefgründig macht. Dazu die Creme... Alles in allem über 150 Euro. Ihr Freund hat sie für verrückt erklärt. Und nach ein paar Tagen der Benutzung kommt auch bei ihr die große Reue. Sie muss das Zeug wieder loswerden. Aber benutzt? Mit weinerlicher Stimme berichtet sie Philippe, dem Visagisten, am nächsten Tag von einer unerklärlichen Allergie und spart auch sonst nicht mit Opfersignalen...

Solche Reklamationen Marke „Präventive Steinschleuder“ oder „Tränendrüse“ sind im Handel, der aus Kulanz ohnehin viel umtauscht oder zurücknimmt, hinreichend bekannt. Zum Glück hat dieser Lieferanten und Produzenten, die ihrerseits meist ebenfalls kulant sind. Hinzu kommt, dass viele Verkäufer:innen eine gute Menschenkenntnis und ein Elefantengedächtnis besitzen und miteinander reden! Was meinen Sie, welche Beratung Stefan und Andrea das nächste Mal zu erwarten haben?

Stefan hätte die freundliche Verkäuferin besser mit einem „Ich brauche jetzt mal Ihre Hilfe" ins Boot geholt, ihr seine Einwände erklärt und sich gleichzeitig für die späte Rückgabe entschuldigt. Und auch Andrea hätte dem Visagisten wegen der benutzten Produkte eine Teilzahlung anbieten sollen, die er – ganz kulant – natürlich nicht angenommen hätte.

Es ist der Ton, der eine Reklamation stilvoll macht – oder eben nicht.

Auch in Zeiten, in denen Modeketten damit werben, dass man eine Auswahl zu Hause anprobieren und den Rest wiederbringen kann beziehungsweise jede Internetbestellung eine Auswahl darstellt, gelten für Reklamationen oder Rückgaben ein paar Regeln der Fairness, auch und gerade beim Online-Kauf.

Abgesprochen: Wenn Sie teure Güter, zum Beispiel Kleinmöbel, im heimischen Umfeld ansehen möchten, vereinbaren Sie das vorher mit dem Anbieter und besprechen Sie die Modalitäten bezüglich Rückgabe, Transport und Wiederverpackung.

Originalverpackt: Bringen oder schicken Sie die Waren unbenutzt oder ungetragen in der Originalverpackung zurück, lassen Sie Etiketten dran und heben Sie den Kassenbon oder die Rechnung auf.

In anständigem Zustand: Wenn Kleidung zum Beispiel Fehler aufweist, die erst nach längerem Tragen sichtbar werden, bringen oder senden Sie die Textilien gereinigt (oder gewaschen) und in einem annehmbaren Zustand zurück – nicht müffelnd und verknüllt in einer Minitüte.

Ehrlich begründet: Wenn Sie am Reklamationsgrund beteiligt sind – sei es, dass Kleidung nicht mehr passt, weil Sie zu- oder abgenommen haben, oder Ihnen ein Artikel heruntergefallen ist und beschädigt wurde – seien Sie ehrlich mit sich und Ihrem Handelspartner. Bei manchen Menschen ist ja bekanntlich die Kleidung schuld, wenn sie mit ihrer Figur nicht zufrieden sind. Der scheinbare Vorteil, den man sich verschafft, wenn man die Verantwortung abschiebt, gerät allerdings schnell zum Nachteil, wenn man den Laden mit Anstand nicht mehr betreten kann ... oder eine Bekannte das Drama der Reklamation beobachtet.

Time is cash – Luxus seit Internet

Früher – ja, da war er noch eine tolle Sache. Wer ihn sich leisten konnte, blieb gern unter sich, verkörperte er doch den Hauch des Elitären: der Luxus.

Luxusgüter waren in Läden erhältlich, die nur einer bestimmten Klientel vorbehalten schienen, mit Verkäufer:innen, nobler als die Kund:innen – schon war die Welt sortiert. Unvergessen die Szene, in der Julia Roberts als „Pretty Woman" (1990) der Nobelboutique verwiesen wurde, weil sie nicht so aussah als könne sie es sich leisten, dort einzukaufen. Heute ist das anders. Luxus ist greifbar geworden, im Prinzip erreichbar für jeden ... wenn man das nötige Kleingeld besitzt! Aber Kreditkarten machen ja bekanntlich frei – jedenfalls für den kurzen Moment der Kaufentscheidung. Luxus bezeichnet „Verhaltensweisen, Aufwendungen oder Ausstattungen, welche über das übliche Maß (den üblichen Standard) hinausgehen beziehungsweise über das in einer Gesellschaft als notwendig und ... für sinnvoll erachtete Maß. Luxus fasst damit Phänomene zusammen, die für einen großen Teil der Bezugsgruppe zwar erstrebenswert sind, aber nicht erreichbar." Soweit die Theorie, nachzulesen auf Wikipedia.

In der Praxis stellt sich aber zunehmend die Frage, was Luxus heute eigentlich bedeutet, denn abgesehen von den noch immer schwer erreichbaren Luxusgütern wie Marmorvilla und Luxusliner, unterliegt der Begriff einem Wandel. Das lateinische Wort „luxus" oder „luxuria", das übersetzt „Verschwendung" heißt, ist längst in unserem Konsumalltag spürbar geworden. Das gönne ich mir jetzt ...

Früher war Luxus mit einer gewissen Seltenheit und unschlagbaren Qualitätsbegriffen verbunden. Da waren bestimmte Güter rar, weil sie so lange in der Herstellung brauchten, Hotels teurer, weil die Teppiche dicker, die Bäder aus Marmor und die Kellner üppiger livriert waren. Und Uhren waren teuer, weil ein Herstellergeheimnis sie auch in der dritten Generation von Großvater zu Enkel noch sekundengenau laufen ließ. Heute gibt es dicke Teppiche auch zum Sonderpreis, und Luxus definiert sich zunehmend über den Zeitfaktor. Es ist die Zeit, die rar und damit Luxus geworden ist: „*Time is cash, time is money*", wie es in einem Songtext heißt. Der emotionale Wert einer Ware errechnet sich immer mehr an der Zeit, die wir als Kunden zu gewinnen glauben, gerade für Menschen mit anspruchsvollen Karrieren.

Für die einen heißt Zeitgewinn, die denkbar beste Qualität zu erwerben – mit dem Ziel, dass die Anschaffung möglichst lange halten möge und man sich in nächster Zeit nicht mehr darum kümmern muss. *Time is cash, time is money...* Für die anderen bedeutet Zeitgewinn, die Beschaffungswege zu verkürzen und fast nur noch im Internet einzukaufen. Denn im Netz schauen wir täglich vorbei, ohne Anfahrt, Wartezeiten und Schlechtwetterlaune.

Wer Zeitvorteil durch lange Lebensdauer sucht, verbindet das oft mit einem hohen Anspruch an Beratung und Service, falls das Produkt Anlass zur Reklamation geben sollte. Diese:r Käufer:in liebt nicht selten – was das Internet nur sehr eingeschränkt bieten kann – das persönliche Gespräch und die Möglichkeit des *touch and feel* – etwas anfassen und fühlen zu können, bevor man sich entscheidet. Eine individuelle Beratung ist persönlicher als das Internet es je sein kann und verbindet das Einkaufserlebnis mit einer Geschichte.

Der digitalisierte Kunde dagegen schätzt die Zeitersparnis beim (Spontan-) Einkauf selbst und die 24/7-Verfügbarkeit, nimmt dafür aber die noch nicht virtuell regelbaren Wege zur Post in Kauf, wenn etwas nicht gefällt und zurückgeschickt oder reklamiert werden muss. Paketsendungen als neuer Volkssport. Für ursprünglich stationäre Händler bedeutet das immer mehr, einen Laden für die Auswahl (also als Mustersortiment) und einen Onlineshop als Warenlager zu betreiben. Für uns als Kunden bedeutet es, dass wir uns individuell damit auseinandersetzen müssen, welche Produkte wir online einkaufen wollen und welche nicht.

Christine beispielsweise hat sich ihre Sommergarderobe mit Hilfe der Online-Bildersuche zusammengestellt und geordert: Man kann ein Kleidungsstück, das einem an einer anderen Person oder auf einem Bild gefällt, abfotografieren und bei den einschlägigen Verkaufsportalen in die *Visual Search* eingeben. Dann arbeitet deren

Suchmaschine und macht Vorschläge für dieses oder ein vergleichbares Teil. Wie eine Gesichtserkennung für Kleidungsstücke.

Da das Foto die textile Oberfläche und Materialkomposition nicht mitliefert, werden hier perfekte Vorlagen für das Kopieren von Styles geschaffen, welche schnelle Nachahmung von stark gefragten Artikeln im *Fast Fashion* Markt fördern, natürlich ohne Rücksicht auf Qualitäts- und Nachhaltigkeitsbelange. Wo früher noch Trend-Scouts losgeschickt wurden, geben wir heute selbst online ein, wofür wir Geld auszugeben bereit sind.

Ähnlich wie früher beim Katalogeinkauf war Christine aber von einigen Artikeln sehr enttäuscht: Eine todschicke Jacke zum Spezialpreis war optisch zwar genau, was das Foto versprochen hatte – nur saß das Teil an ihr alles andere als perfekt. Die Passform stimmte nicht. Eine Businesshose passte zwar von der Größe her, hatte aber einen anderen Stoff als angenommen und wirkte auch irgendwie billig. Die Schuhe waren die richtige Größe, nur der Fuß fühlte sich darin nicht wohl. Was dafür wunderbar passte und schließlich auch den Weg in ihren Kleiderschrank fand, waren einige schicke Schals und Tücher sowie das legere, knöchellange Sommerkleid, das nicht so eng am Körper zu sitzen hat. Christines Fazit: Bücher, ihre Lieblingskörperlotion und Modelle mit einem höheren Elastananteil oder welche, bei denen es auf Passform nicht ankommt, würde sie weiterhin im Internet kaufen – alles andere vorerst wieder im Laden, bis die Beschreibungen und Maßangaben soweit perfektioniert sind, dass man mehr verlässliche Kaufkriterien findet. In Christines Fall wären zum Beispiel Angaben über die Rückenlänge des Blazers hilfreich gewesen ... Ein anderer Onlineshopper kommt vielleicht zu einem anderen Schluss, muss sich aber ebenfalls Gedanken machen, welche Online-Käufe ihm wirklich Zeit sparen und welche eher Zeit kosten.

Das Internet bietet gleichzeitig die Möglichkeit, sich über ein Produkt differenziert zu informieren, bevor man es kauft. Oft haben sich Kunden bei größeren Anschaffungen mit einem bestimmten Produkt intensiver befasst und wissen mehr darüber als ein:e Fachverkäufer:in, der oder die viele Artikel von vielen Marken kennen muss. Der virtuelle Marktplatz kann also zuverlässige Informationen bieten – vorausgesetzt, die Käuferbewertungen sind echt. Seriös moderierte virtuelle Foren und Kundenmeinungen sind unsere Chance, Qualität zukünftig wieder besser einschätzen zu können. Denn eines steht fest: Um Kunden langfristig an das eigene Unternehmen zu binden, können sie die Stimme des durch Digitalisierung autonom gewordenen Kunden nicht ignorieren.

Und damit sind wir bei den *Testimonials*, den Referenzgebern und Glaubwürdigkeitsträgern der Werbung. Großer und kleiner Luxus wird heute über prominente Gesichter verkauft und nicht mehr über Qualität. Ein Espresso beispielsweise erhält erst durch den charmant-markanten Nimbus seines Referenzgebers Unwiderstehlichkeit. Verkauft werden Geschichten aus der Welt berühmter Gesichter, die uns mehr denn je am großen Glamour nippen lassen.

Gleichzeitig steht die Authentizität einer Marke auf kritischem Prüfstand. Wer viel Geld ausgeben will, möchte über das Objekt der Begierde viel wissen. Wir kaufen aber nur dann, wenn auch die dazugehörige Story stimmt, weshalb immer mehr Unternehmen zum *Storytelling* tendieren und ihre Kunden so in ihre Innovationsprozesse mit einbinden.

Inzwischen gibt es zum Glück mehr illustre Berichterstattung aus den Produktionsstätten – zumindest ein Anfang, um Informationslücken zu schließen. Und mit dem Vorschub von Ethik und Moral könnte dies der schönste Vorteil des World Wide Web sein – wenn wir uns als Verbraucher wieder Gedanken darüber machen, wie, wo und unter welchen Bedingungen die Güter, die unseren Alltag begleiten, entstanden sind. Geschichten-erzählende Kleidung auch hier.

Aus der Perspektive der Nachhaltigkeit bedeutet Online-Handel schließlich: Viele einzelne Paketsendungen und -rücksendungen mit allen Folgen für die CO_2-Bilanz sowie die zustellenden Dienstleister, ein enormer Bedarf an Kartonagen und Einzel-Cellophanierungen – und die erwähnten in zweiter Reihe parkenden Fahrzeuge, nicht selten bei laufendem Motor.

Einkäufe für den Versand oder die Filialabholung zu bündeln und die alte Gewohnheit des seltenen Großeinkaufs wieder aufzunehmen, wird damit zu mehr als einer Kavaliersgeste: Planung gehört auch online einfach dazu.

Schnäppchenjagd – Deutschlands schönstes Hobby

Die Läden und Fußgängerzonen sind schon längst nicht mehr voll – dafür läuft besonders Mode im Internet wie heiße Ware. Gerade im Gespräch über Preise für Kleidung wird dabei immer wieder anklagend formuliert, dass man sich „teure Sachen" nun wirklich nicht leisten könne. Dabei wäre ein gelegentlicher Blick in die vielen Paketsendungen mehr als interessant: Zwei Spaghettiträger-Tops von einem der einschlägigen Vertikalanbieter für insgesamt 19,80 Euro. Dazu die absolut angesagte, natürlich ungefütterte Jacke aus Baumwoll-Polyester-Gemisch *made in China* für 49,90 Euro, deren Pendant man neulich am *Influencer* der schlaflosen Nächte gesehen hat. Und dann die Jeans für satte 139 Euro! Alle aus der Schulklasse haben sie. Die eigene Tochter soll da natürlich in nichts nachstehen...

Schade, dass das Smartphone als Taschenrechner nicht zum Zug kam: Das würde nämlich summieren, was bei mehreren Einkäufen mit nur drei Klicks effektiv zusammenkommt. Und viele Leute, die behaupten, eigentlich kein Geld zu haben, geben solche Summen regelmäßig aus, manchmal mehr als einmal im Monat. Das Einkaufserlebnis und die Gruppendynamik der Schulklasse sind es offenbar doch wert.

Nur, woher kommt sie, die Freude am Kaufrausch günstiger Kleidung?

Das Bedürfnis, seine Identität über Kleidung auszudrücken, ist natürlich. Das Spiel mit der Identität über das Medium Kleidung ist sogar ein wichtiges Element in der Persönlichkeitsentwicklung Jugendlicher. Und wie auch die Persönlichkeit eines erwachsenen Menschen wächst und ausgeprägter wird, sollte auch die persönliche Garderobe diesen gesunden Wandel durchlaufen.

Bianca hat sich mit ihrer 15-jährigen Tochter Marie zu einem gemeinsamen Online-Einkauf verabredet. Einerseits braucht sie selbst ein paar neue Teile für ihre Garderobe – andererseits ist es ihr wichtig, mit Marie auch einmal über Preisleistung und Auswahlkriterien zu sprechen. Im Gegenzug musste sie ihrer Tochter versprechen, nicht nur Businesskleidung zu kaufen, sondern auch eine Jeans, um „nicht so furchtbar alt“ auszusehen…

Bei einem gemütlichen *Smoothie* besprechen die beiden, was heute auf die Einkaufsliste soll, damit nicht irgendwelche Schnäppchen im Schrank landen, die sie überhaupt nicht brauchen. Denn was soll das fünfzigste Oberteil, wenn Marie doch eigentlich eine Hose braucht? An diesem Nachmittag übt sie nicht nur, das Netz nach Teilen zu *scannen*, die auf ihrer Liste stehen, sondern sie lernt auch, worauf es bei der Auswahl ankommt. Bianca zeigt und erklärt ihrer Tochter an Beispielen aus deren eigenem Schrank, welche Farben ihr stehen, wie man sie kombinieren kann und wie sie die richtige Konfektionsgröße herausfindet. Später beim Abendessen sprechen die beiden noch über Massenproduktion und die Zusammensetzung von Preisen aus Material- und Transportkosten, Lohnfertigungspreis und Händlermarge.

Da Bianca früher als Produktmanagerin in der Branche tätig war, kann sie erzählen: Vor langer Zeit gab es noch Hersteller, die in Deutschland fertigten, heute sind es nur noch sehr wenige, ausgesuchte Betriebe. Wirtschaftliche Überlegungen und Umweltaspekte bewegen aber immer mehr Händler dazu, der oft fragwürdigen Massenproduktion in Asien den Rücken zu kehren und wieder vermehrt Lösungen im eigenen Land zu suchen. Nur ist der Zug inzwischen abgefahren: Es finden sich kaum noch Hersteller, die dem Preisdruck standgehalten haben und hier noch fertigen.

Marie versteht jetzt, dass *preiswert* nicht umsonst beide Worte enthält: Preis und Wert. Wesentlich ist also immer auch die Leistung, die hinter dem Preis steht. Ein Baumwoll-Jäckchen für annähernd 50 Euro, an dem sonst nichts dran ist und das in riesigen Stückzahlen produziert wurde, interessiert sie nicht mehr. Lustig findet sie die Idee der Mietkleidung, von der ihre Mutter erzählt: Für besondere, seltene Events wie eine Gala kann man Anlasskleidung etwa einen Smoking und das korrespondierende Abendkleid nur für einen Abend borgen. Menschen, die wunderbar in Standard-Konfektionsgrößen hinein passen - und nur die - können davon profitieren, bevor sie sich so etwas dauerhaft in den Schrank hängen. Wenn aber Kleidung nicht passt und sitzt, sieht sie auch geliehen aus und verleiht einen unglücklichen *Touch*. Inzwischen gibt es sogar wenige Anbieter im modischen Segment, die für ein Monatsabonnement erhältlich machen, was die Lust auf Neues für wenige Male Tragen stillen kann. Bisher war Mietkleidung eher der funktionalen Berufskleidung vorbehalten.

Am Beispiel ihrer Mutter, die sie heute richtig cool findet, sieht sie auch, dass es Kleidungsstücke gibt, an denen man eben nicht sparen sollte: Der Hosenanzug für die wichtige Präsentation in zwei Wochen muss einfach genial aussehen und perfekt sitzen. Da tut es kein modischer Fummel. Bianca hat ihn sich daher rechtzeitig in einem Atelier schneidern lassen, damit die Zeit noch für die Finessen bis zur perfekten Passform reicht. Zum Abstecken der Hosenbeinlänge hatte sie auch die Businessschuhe, die sie dazu tragen möchte, dorthin mitgenommen, was Marie ein bisschen beeindruckt. Sie durfte sogar das Nadelkissen für die Schneiderin halten und beim Abstecken assistieren. Für das modische Drumherum aber schielt auch Bianca auf den Preis und ersteht online noch ein paar Tops, eine Vintage-Handtasche und eine cremeweiße Bluse zum Sonderpreis. Die sieht nämlich zur Jeans genauso gut aus wie zum Businessrock.

Als gut beratene Frau hat sich Bianca auch irgendwann eine Soll-Garderobenliste mit den Kleidungsstücken gemacht, die sie unbedingt braucht, um alle Anlässe inklusive des geliebten Sports zu bekleiden.

Bei vielen Schnäppchen aber haben die beiden achtlos weiter geklickt, weil sie ja einen Plan hatten. Als Marie überschlägt, wie viel sie heute *nicht* gekauft hat, kommt sie auf einen nennenswerten Betrag. Einen Teil davon legen die beiden jedenfalls gleich in die Kinokasse, um sich für die erfolgreichen Einkäufe zu belohnen.

Stilberatung – und wie Sie die richtige finden

Kennen Sie das? In manchen Branchen sehen alle gleich aus – wie geklont. Sie aber wollen Karriere machen – als Persönlichkeit mit Charisma. Als Frau oder Mann auf dem persönlichen Karriereweg müssen Sie Profil zeigen, ohne dabei den Branchen-Dresscode zu verletzen. Ihr persönlicher Stil beschreibt die charakteristische Eigenart, mit der Sie Ihre Kleidung tragen, sich bewegen, verhalten und auf andere Menschen zugehen. Damit ist Stil Kommunikation auf der ganzen Linie, unverwechselbar, eigen und besonders – und seine Analyse eine Entdeckungsreise zu sich selbst. Nur fällt es vielen Menschen schwer, ihre Ausstrahlung einzuschätzen:

Wie wirke ich auf andere? Was macht mich attraktiv? Wie funktionieren Eyecatcher? Ist Businessgarderobe überhaupt noch angesagt? Wie funktioniert das mit der *Power*? Brauche ich Statussymbole? Welcher Stil passt zu meiner Persönlichkeit? Was sollte ich anders machen?

Auf alle diese Fragen geht eine Stilberatung ein. Dabei geht es im Laufe einer guten Beratung nicht nur um die Kleidersprache, sondern immer wieder um den Ausdruck des Körpers, die Gestik und Mimik – Elemente, welche ein Erscheinungsbild gut werden lassen und zu einem glaubwürdigen Selbst führen.

Das Ziel eines Stil-Coachings kann man demnach so formulieren: Ihre hohe Kompetenz wird in Ihrem Äußeren sichtbar und spürbar. Ihre Gesprächspartner nehmen Sie als authentisch und gewinnend wahr. Sie haben Kenntnisse über die empfängerorientierte Darstellung der eigenen Persönlichkeit und können diese später im Geschäftsalltag sowie im Privatleben umsetzen. Sie haben Souveränität und Ausstrahlung und fühlen sich dabei in jeder Situation wohl. Im Einzelnen:

- Sie finden Ihren individuellen, besonderen Stil (Typberatung).

- Sie vermeiden in Zukunft Fehlkäufe und haben dadurch mehr Budget zur Verfügung, um es in Qualität und nachhaltige Produkte zu investieren.

- Sie erleben, welche Farbnuancen Sie zum Strahlen bringen (Farbberatung).

- Sie entwickeln eine Kleiderstrategie für Ihren Business- und sonstigen Alltag (Garderobenplanung).

- (Business) Make-up / bei Bedarf ein Bühnen-Make-up und Friseurbesuch runden Ihr persönliches Erscheinungsbild ab.

- Ein Stil-Check per Foto gibt Ihnen die Sicherheit, auch wirklich das Richtige anzuhaben – bei jedem Vortrag, Auftritt oder Kundengespräch – oder auch für ein erstes Date.

- Sie erhalten Feedback zu Ausstrahlung und Wirkung – und wie Sie diese noch steigern können.

- Sie können das neue Wissen selbständig umsetzen.

Ob Sie die eigenständige Umsetzung am Ende auch wollen, bleibt dann Ihnen überlassen – aber Sie werden unabhängig und buchen Ihre Begleitung aus freien Stücken. Auch die wohlmeinende Eskorte von Freund:innen können Sie dann gelassener nehmen.

Einer meiner Kunden, den ich seit bald zwei Dekaden in seiner Karriere und als Persönlichkeit begleiten darf, könnte sich seine *Staatsanzüge*, die er für öffentliche Auftritte braucht, zwar eigenständig organisieren – er liebt und schätzt aber die Zeitersparnis und den Überraschungseffekt, wenn ich ihm die Maßanzüge designe, Stoffe, Details und Zusammenstellung der Einzelteile definiere. Abgestimmt auf die Aufgabe. Glücklicherweise ist er *maßhaltig* und nimmt kaum zu oder ab – sonst wäre das Kleiderdesign von *remote* auch nicht machbar. So wird jede Kleidersendung auch für ihn zu einem Erlebnis.

Das Kreative, das sein Fachgebiet enthält und das sich auch in der Kleidung wiederspiegeln soll, findet dadurch einen besseren Ausdruck, als wenn er sich die Kleidung selbst aussuchen würde. Schließlich hat, wer sich dauerhaft mit einer Materie beschäftigt, auch mehr Erfahrung und Ideen zur Umsetzung.

Er hat die Angewohnheit, seine Akten in einer wunderbaren ledernen Aktentasche mit Riemen über die Schulter zu tragen, wenn er reist. Da diese aber schwer ist, verzieht sich naturgemäß die Schulterpartie und in deren Folge auch die Hüftpartie. Eine osteopathische Gefährdung, auf die ich ihn aufmerksam machen *muss*.

Weiterhin reflektieren wir relevante Eigenheiten wie Wortwahl und Körperhaltung und die Wirkung vor dem Bildschirm. Und wer von uns sitzt heute nicht regelmäßig vor einer Videokamera? So wird ein ganzheitliches Stil-Coaching daraus: Eine so langjährige Begleitung basiert auf dem Wechsel von immer wieder persönlichen und virtuellen Gesprächen – und auf viel Vertrauen.

Kriterien bei der Auswahl einer geeigneten Stilberatung:

- Wirkt die Person selbst stilvoll, authentisch und echt? Oder eher aufgesetzt?
- Fragen Sie nach der Ausbildung: „Ich habe mich schon immer für Mode interessiert." reicht als Qualifikation nicht.
- Ein kostenloses Vorgespräch erfragt Ihre Motivation, Ihren Umgang mit Kleidung, Ihr berufliches Setting und Ihre individuelle Zielsetzung – erfasst die Aufgabenstellung also ganzheitlich. (In einem Ladengeschäft des Einzelhandels ist das allerdings nicht zu erwarten.)
- Werden die einzelnen Schritte der Beratung erläutert und in den Zusammenhang gestellt?

- Farbberatung: Bekommen Sie die Farbenlehre und die Farbeigenschaften erklärt und werden im Analyseteil die ins Gesicht reflektierenden Farben abgedeckt? Das ist wichtig, damit Sie Veränderungen im Gesicht unvoreingenommen beobachten und erkennen können.

- Stilberatung: Werden außer einer Stiltypologie auch Gesichtsform, Gesichtszüge, Proportionen und die Körpersilhouette berücksichtigt?

- Erstellen Sie einen gemeinsamen Garderobenplan? Und als dessen Resultat eine genau auf Sie und Ihren Bedarf abgestimmte Einkaufsliste?

- Werden Make-up und Frisur / Bart mit einbezogen?

- Haben Sie die Möglichkeit späterer Stil-Checks per Foto?

- Gibt es ergänzende Angebote wie Business-Knigge und Tischkultur?

- Als Begleitung in der Maßkonfektion: Hat die- oder derjenige Ahnung von den Grundzügen der Schnitterstellung (Grundlinien im Schnitt, Kardinalmaße)?

- Bezieht sich mein:e Stilberater:in auch auf Körperhaltung, Muskeltonus und Gewohnheiten?

Wo Beratung im Handel nicht mehr stattfindet, müssen wir selbst wissen, was uns steht und gut aussehen lässt. Aber Moment mal ... gibt es dafür nicht die Outfitportale? Wer bekennend shoppingfaul ist, liebt diesen Service! Günstige Preise und „Rundum-Sorglos“ in liebevoller Verpackung mit Seidenpapier und handgeschriebener Karte im Paket ... Und alles per „Du“ wie ein Stil-Tipp unter Freund:innen ...

Wenn Sie Ihren Stil gefunden haben und Ihre Figur halten, ist das sicherlich eine komfortable Lösung. Ein paar Haken und Ösen gibt es aber auch hier zu bedenken:

- Aus welcher Quelle stammen die Waren und was passiert mit ihnen bei einer Retoure?
- Was klärt der Fragebogen ab – meine Stil-Vergangenheit oder die Zukunft?
- Welche Ausbildung hat meine persönliche virtuelle Style-Beratung?
- Welche Kriterien sind in einer virtuellen Beratung überhaupt möglich zu berücksichtigen?

Die Kehrseite des Systems wird ebenfalls klar: Wer bereits in der Auswahl von Textilien, die das Einzigartige einhüllen und sichtbar machen sollen, träge ist, wird bei der Rücksendung von Waren nicht mobiler sein. Darauf setzt dieses Geschäftsmodell: Ist die Ware einmal bei den Shoppingmuffeln im Haus, findet sie selten ihren Weg zurück ...

Für welche Beratung Sie sich entscheiden, ergibt sich aus Ihrem persönlichen Anspruch sowie der Eigenverantwortung für sich selbst und das eigene Auftreten.

Nachhaltig kleiden

Sich mit dem eigenen Stil zu beschäftigen beziehungsweise ihn zu entwickeln ist eine Grundvoraussetzung, um sich nachhaltig zu kleiden. Es verlangt einen kritischen Blick auf die eigene einflussnehmende Umgebung und auf sich selbst – sowie eine gehörige Portion Humor. Nur mit einem Hauch Selbstironie kann sich in der persönlichen Haltung etwas entfalten, das auf augenzwinkernde Weise Sympathien weckt.

Wenn wir hingegen unreflektiert Trends und Tendenzen nachahmen, ist da nichts, was das mediengewöhnte Auge des Betrachters verweilen lässt. Nichts, an das man sich erinnert, weil es ist wie bei allen anderen auch. Können wir uns aber davon lösen und unseren ureigenen Stil entwickeln, sind wir sofort frei von dem Sog, den die vielfach billig hergestellten Waren, welche in rauen Mengen in unsere Märkte gespült werden, erzeugen sollen und wollen. Dann sind wir endlich frei, unser eigenes bestes Selbst zu werden.

Chic oder schick zu sein macht erst richtig Spaß, wenn niemand anderes den gleichen Look trägt.

Unser Stil wird in der Folge geprägt von stolz erworbenen Unikaten und getragen von dem Bewusstsein, dass wir kein Geld für billige Sachen haben: *„I'm too poor not to buy the best.“* Diese Philosophie habe ich – bitte verzeihen Sie mir die persönliche Anmerkung an dieser Stelle – meiner wunderbaren Mutter Ruth zu verdanken, der dieses Buch gewidmet ist. „Heute waren wir sehr erfolgreich“, pflegte sie zu sagen, wenn wir benötigte Kleidung im besten Stil und der besten Qualität, die das Budget hergab, gefunden hatten. Sie war es auch, die mir beibrachte, wie man Parfüm einkauft – lange, bevor ich in der Branche arbeitete.

Die weiter oben beschriebene Garderobeninventur mag in Ihnen oder Dir sogar die Sehnsucht hervorgerufen haben, die textile Habe auf ein Minimum zu beschränken. Minimalismus und die Konzentration auf das Wesentliche sind erwünschte Gefährten der Nachhaltigkeit ... und seit einiger Zeit auch der Beginn einer neuen Bewegung. Dieser Gedanke wiederum legt die Idee einer persönlichen Uniform nahe, welche auf die individuell besonders vorteilhaften Stoffe, Schnitte und Proportionen zurückgreift. Und zwar nur auf diese. Wie ein Kochrezept, das immer gelingt. Das schafft Sicherheit und die Gewissheit, mit etwa einer Kofferfüllung nachhaltig unterwegs zu sein, wenn wir insgesamt weniger haben und weniger brauchen. Deshalb hier zusammengefasst die *best of* der persönlichen und nachhaltigen Garderobe. Da der Kleiderschrank so etwas Intimes ist und ich jede:n einzelne:n damit erreichen möchte, formuliere ich diese Gebote bewusst in der Du-Form, wie ein Mantra:

Passform vor Preis!

Passende Kleidung erhöht das Wohlbefinden und tut gut. Der teuerste Designer-Anzug wirkt billig, wenn er nicht richtig sitzt. Umgekehrt kann ein Outfit bestechend sein, wenn es perfekt auf die Linie der Figur abgestimmt ist und makellos passt, was sehr für Maß-, zumindest aber für Änderungsschneiderei spricht, ein Beruf, der in Zukunft sehr viel mehr Raum und Achtung verdient. Denn die Kunst am fertigen Kleidungsstück kann außer der Passform auch das Design anpassen, wo nötig und möglich.

Über sichtbar billige Knöpfe bei ansonsten gutem Material, Ärmelweiten oder Ausschnitte in einer für Dich unvorteilhaften Linie etwa kannst Du beim Kauf lächelnd hinweg sehen, denn Du weißt, sie lassen sich ändern.

Als *Smart Shopper* kennst Du Deine individuellen Längenmaße und suchst Dir ein Repertoire an Marken, bei denen Ärmel- und Hosenbeinlängen, Taillenhöhe und Proportionen zu Deiner Figur passen. Denke daran, dass eines der größten Stilgeheimnisse die oder der Änderungsschneider:in ist. Auch Maßkleidung kann längst *casual*, beweglich und zeitgemäß sein, eine Hülle für Deine Persönlichkeit, ohne dabei blind dem allgemeinen Erscheinungsbild zu folgen.

Trage Farben, die Dich leuchten lassen

Wer seine Farben kennt, vermeidet Fehlkäufe! Im Videokonferenz-Zeitalter gewinnt die Qualität der Farbwahl noch mehr an Bedeutung, da der enge Bildausschnitt der Kamera bei hoffentlich guter Beleuchtung von vorne jede falsche Wahl sofort entlarvt – sogar nachhaltig, wenn nämlich aufgezeichnet wird.

Folgende Fragestellung hilft Dir bei der Einschätzung: Sieht man zuerst die Farbe oder das Gesicht? Hat das Gesicht einen Rahmen – oder sieht es flächig und die Haut blass aus? Oder wirkt es müde und die Erfahrungslinien vertiefen sich? Besonders die im Gesicht abwärts führenden Linien unter den Augen und die Nasolabialfalten lassen verbraucht aussehen, wenn sie sich durch Schatten vertiefen.

An schmeichelhafte persönliche Farben haben wir diese Ansprüche:

- Die Augen leuchten in ihrer natürlichen Farbe und das Augenweiß ist klar.
- Die Haut wirkt frisch und hat einen schönen Tonus, ohne dabei erhitzt auszusehen. Eine rötliche Färbung wie nach dem Sport ist zu viel des Guten.
- Die Haut ist optisch gleichmäßiger und wir brauchen weniger *Foundation*.
- Konturen sind optimal – gut erkennbar und nicht zu scharf. Man sieht, wie das Gesicht geschnitten ist.
- Das Gesicht steht im Vordergrund, wirkt ansprechend und interessant.

Gerade Frauen in Führungspositionen können von einer geschickten strategischen Farbwahl profitieren. Das gelingt aber nur, wenn Dir die Farbe auch wirklich steht. Das schönste Signalrot für die flammende Rede vor 300 Leuten funktioniert nicht, wenn es die falsche Nuance ist, die Dich blass macht.

Befass' Dich also mit Deiner ganz persönlichen Farbenpalette und auch der strategischen Wirkung von Farben: So kann *rot* dynamisch, aber auch aggressiv wirken, *marineblau* diplomatisch, aber auch langweilig (insbesondere, wenn der Schnitt zu gängig oder uniformiert ist). Bevor Du nun selbst Deinen Farbtyp nach Wunschdenken zu analysieren versuchst, gehe bitte nicht über Los, ziehe nicht 200 Euro ein. Gehe bitte zurück zu Kapitel 6.

Verstehe Deinen ureigenen Stil

Dein persönlicher Stil macht Dich frei von Moden. Er erzählt *Deine* eigene Geschichte und vermittelt ohne Worte, wozu wir im Alltag oft keine Zeit mehr haben. Deshalb: Sei wählerisch, womit Du Deine Einzigartigkeit betonst. Klassisch oder Avantgarde? Eher lässig oder sportlich? Diese Frage will beantwortet werden, damit der Ausdruck ein Bild bekommt – und Menschen und Ereignisse in Dein Leben zieht, die dazu passen.

Accessoires sollten edel aussehen – niemals prätentiös

Sie erlauben Abwechslung und Variantenreichtum auch bei kleiner Garderobe. Tageslaune *live* … Welche Qualität ist aber bei einem Menschen zu erwarten, dessen ganze Erscheinung verrät, dass ihn Qualität nicht interessiert? Ob der Schmuck hochwertig wirkt und Dein Erscheinungsbild stärkt, statt es zu stören, entscheidet der Hand-Test: Er sollte ein gewisses Gewicht haben, geschmeidig Deine Bewegungen begleiten und bei Berührung und Reibung – wenn überhaupt – nur sanfte und wohlklingende Geräusche machen … allerdings nicht vor dem Mikrofon!

Bei vielen ist übrigens der Regenschirm im toten Winkel der Aufmerksamkeit. Auch er sollte wertig sein, wenn wir ihn über dem Kopf von jemand Kostbarem aufspannen. Und Hand aufs Herz: Fällt Dir eine einzige Konstellation ein, in welcher das Gegenüber *nicht* wichtig ist?

Entwickle Dein Markenzeichen

Viele Personen des öffentlichen Lebens, Kunst- und Kultfiguren zeigen, dass wiederkehrende Symbole oder unverkennbare Merkmale funktionieren – wie ein Logo, das immer wieder auftaucht und im Gedächtnis bleibt. Denk' an Zopf und Vatermörder-Kragen, welche den großen Karl Lagerfeld adelten, oder die weiße Welle von Christine Lagarde.

Ob eine besondere Brille, ein spezielles Kleidungsstück oder eine Kopfbedeckung, Schmuck oder etwas anderes: Authentisch wird es dann, wenn Du instinktiv immer wieder danach greifst. Und sonst frag' Deine Freunde, was sie immer wieder gerne an Dir sehen.

Sei nicht zu perfekt – ein kleiner Bruch gibt Dir eine entspannte Aura

Damit meine ich nicht die Laufmasche zum Etuikleid, die ist allenfalls eine Panne. Ein Chef von mir zum Beispiel war stets wie aus dem Ei gepellt entlang den Spielregeln der gehobenen Herrengarderobe gekleidet, mit Fliege, Herrenweste und Manschettenknöpfen. Wenn er aber beim Kunden war, packte er sein altes, geschichtenerzählendes Federmäppchen mit Tintenklecksen aus der Schulzeit aus, in dem er seinen Markenfüller für die Notizen aufbewahrte. Es war jedes Mal wieder ein Hingucker – und der Beginn eines wunderbaren Gesprächs über das Leben, „Gott und die Welt" und persönliche Werte, aus dem nicht selten gute Kundenbeziehungen entstanden.

Bevorzuge *Vintage* und *Second Hand*

Nicht jede:r mag die Vorstellung, bildlich in die Energie eines Vorbesitzers hineinzuschlüpfen, das kann Schüler:innen wie Erwachsenen gleichermaßen so gehen und sollte nicht bewertet werden. Nur wird dann die Qualität, die langlebig macht, umso bedeutsamer.

Denn uns beschäftigt doch dieser Gedanke: Jeder Neukauf bestätigt dessen Produktion und ihre Herstellungsmethoden – bis hin zu den Arbeitsbedingungen im Betrieb. Damit ist ja auch ein Menschenbild verbunden.

Ein Kleidungsstück, das ein zweites Leben bekommt, macht frei von dieser Last und hat sich im Tragetest bereits bewährt – wobei die echten Kultstücke ikonischer Marken eher *Investment-Pieces* sind als praktische Lebensbegleiter. Diese solltest Du entsprechend in einem Shop erwerben, dessen Expertenteam die Echtheit prüft, denn solche Mode-Klassiker erzielen Traumpreise. Was dafür sozusagen mitgeliefert wird, ist der Glanz ihrer Designer und deren Lebensgeschichten. Ihre Werke sind die Kunst, welche ihre – und unsere – Träume erzählen kann.

Echte *Vintage*-Waren sowie Lieblingsteile für den Zweitbesitz bekommst Du bei den einschlägigen Portalen, Boutiquen, Börsen und Flohmärkten – dazu ein paar Hinweise:

- Die Suche ist eher von Erfolg gekrönt, wenn Du für die Recherche die richtigen Schlüsselwörter parat hast.

- Entspanne Dich bei der Suche und surfe öfter mal vorbei. Die Erfolgsquote ist dann wesentlich höher als wenn wir erst losziehen, wenn unsere Garderobe eine Lücke zeigt.

- Mach das Stöbern durch vergangene Epochen zu einem Vergnügen und genieße den Prozess. Es macht Spaß sich zu überlegen, wie man das neue Teil kombinieren möchte.

- Kopiere den damaligen Stil niemals 1:1, sondern mach' etwas Neues daraus. Gerade *Statement-Pieces* mit einer starken Aussage wollen als Solitär zur Geltung kommen.

Textilpflege – Imagepflege!

Dieser Punkt im Gespräch über nachhaltige Kleidung ist so wichtig, dass ich ihm ein eigenes Kapitel widmen möchte. Für Textilpflege mit Know-how gibt es ein paar triftige Gründe, die durchaus auch egoistische Motive haben können:

Image: Kleidung, die richtig gepflegt wird, sieht wesentlich länger und besser aus, was Rückschlüsse auf den Träger zulässt (Das gilt übrigens genauso für den Zustand der Schuhe). Nur mit gepflegter Bekleidung lässt sich ein Image von Zuverlässigkeit, Sorgfalt im Umgang mit Ressourcen und Lebensgewandtheit aufbauen.

Wirtschaftliche Überlegung: Gepflegte Kleidung hat eine längere Lebensdauer. Und nur in einem guten Zustand bekommt sie auch (als modische Markenware) das Second-Hand-Siegel und geht in die Zweitverwertung.

Umwelt: Wasserverbrauch ist der größte Umweltfaktor im Lebenszyklus eines Kleidungsstücks. Wasser aber ist kostbar – und wird es immer mehr. Die Kleiderwäsche steht im Verbrauch von Trinkwasser (!) an zweiter Stelle nach der täglichen Dusche – und um viele Liter vor der Toilettenspülung, dem Trinkbedarf von Menschen und Pflanzen oder auch vor der Geschirrwäsche. Nicht umsonst definieren wir heute den eingangs beschriebenen Wasser-Fußabdruck, der sich aus dem obigen unmittelbaren Verbrauch und dem Konsum von Waren ergibt, die in ihrer Herstellung Wasser verbrauchen und schließlich unser ökologisches Lebenskonto belasten.

(Kulturelle) Achtsamkeit: Solange wir die Entstehung und Öko-Bilanz in der Herstellung unserer Textilien nur ungefähr nachverfolgen können – denn die Spur verliert sich meistens –, können wir gegen die unwürdige Behandlung von Arbeitskräften in anderen Kulturen als einzelne immer noch beitragen, indem wir Kleidung bewusster und weniger konsumieren und Billigware aus unserem Einkaufsverhalten streichen.

Souveräne Mobilität: Der global gewordene Bewegungsradius (das Selbstbild des Weltenbürgers: „Ich bin auf der Welt zuhause") verlangt eine kleine, überschaubare und stets kofferfähige Garderobe. Außerdem sollte diese Respekt für Gebräuche und Sitten in anderen Ländern reflektieren und wechselnde Klimazonen bedienen. Wissen über textile Fasern und ihre Trageeigenschaften ist die Voraussetzung, um eine solche Garderobe für sich aufzubauen und zu nutzen.

Unabhängig von den verwendeten Materialien und ihrer jeweiligen Knitteranfälligkeit wissen viele leider nicht, wie man einen Koffer so packt, dass die Kleidung auch in einem guten Zustand an der Destination ankommt – entweder fehlt die Technik oder aber die Bereitschaft, wenige Minuten zu investieren. Dabei lohnt es sich auf jeden Fall, insbesondere bei Anzügen und Kostümen:

Jacken oder Sakkos beispielsweise lassen sich je nach Schulterverarbeitung ineinander- oder aufeinander legen, wobei der empfindlichste Stoff zuunterst liegt. Darauf kommen Hosen, deren obenliegende Seite in der Umschlagfalte auf Kniehöhe ausgepolstert wird, etwa mit einem gerollten T-Shirt oder ein paar Socken. (Damenröcke werden je nach Länge auf ganze oder halbe Strecke dazugelegt.) Anschließend werden die Ärmel so umgelegt, dass sie Hosen und Röcke zu umarmen scheinen. Über diesen Stapel lässt sich eine Reinigungsfolie in Schulterbreite ziehen und dieses Paket offen oder – mit Polsterung der Umschlagkante – ein weiteres Mal umgeschlagen in den Koffer legen.

Der Trick ist, Bruchkanten weitgehend zu vermeiden. Knitterfalten auszubügeln kostet nämlich Zeit und Strom – und setzt die Faser einer mechanischen Beanspruchung aus. Und wer bügelt schon gerne?

Pflegehinweise im Etikett sind mehr als eine Empfehlung. Sie geben Aufschluss darüber, welche Behandlung Ihre Lieblingsstücke lange schön aussehen lässt, was unmittelbare Auswirkungen auf unser Erscheinungsbild und unseren Geldbeutel hat: Unsere Kleidung zeigt weniger Verschleiß, wir handeln nachhaltig und budgetfreundlich. Bei der Gelegenheit dürfen wir auch unsere Gewohnheiten noch einmal ins Visier nehmen: Auch wenn die neuen Geräte über Niedertemperatur-Programme und umweltfreundliche Kennzeichnung verfügen, darf beispielsweise der Nutzen beim Einsatz von Wäschetrocknern für die individuelle Kleiderpflege noch einmal überdacht werden. Wie viele zeitgenössische Jeanshosen wurden schon ruiniert, weil niemand wusste, dass das darin enthaltene Elastan hohe Temperaturen nicht verträgt! Der Stretch verliert dann seine Rücksprungkraft, sodass die Hose ausleiert und die Form verliert (Ganz früher waren Jeans noch aus reiner Baumwolle, welche hohe Temperaturen toleriert, weshalb viele sie bis heute gewohnheitsmäßig in das Trockner-Heißprogramm stopfen ...). Und schon brauchen wir eine neue Jeans, welche in der Produktion die besagte Wassermenge sowie statistisch ca. 1.750 weitere Liter für die Wäsche verbraucht haben wird, bevor wir sie entsorgen. Von der Litermenge können wir etwa 140 Tage duschen, sofern die Dusche nur 5 Minuten dauert.

Darum folgt hier eine Beschreibung der wichtigsten textilen Fasergruppen und wie man sie pflegt.

Die vier Gruppen, die uns bei textiler Bekleidung begegnen können, sind:

- Tierische Naturfasern wie Wolle oder Seide
- Pflanzliche Naturfasern wie Baumwolle oder Leinen
- Zellulosische Chemiefasern wie Viskose, Modal, Acetat, Lyocell (bekannter unter dem Markennamen Tencel)
- Synthetische Chemiefasern wie Polyester, Polyacryl, Polyamid, Elastan

Schauen wir uns die Eigenschaften der verschiedenen Materialien einmal an. Wer sie nämlich kennt, braucht das Pflegeetikett bald nicht mehr:

Tierische Naturfasern sind relativ instabil, was sie weich im Griff, aber auch empfindlicher macht. Wolle nimmt zudem verhältnismäßig viel Feuchtigkeit auf, was beim Tragen für den Temperaturausgleich des Körpers angenehm ist, im feuchten Zustand unter Reibung aber zum Verfilzen führt. Diese Fähigkeit zur Feuchtigkeitsaufnahme hat dafür, wie wir gesehen haben, noch einen weiteren, angenehmen Effekt: Der verknitterte Anzug aus *reinem* Wollgewebe hängt sich im feuchten Bad schnell wieder aus. Dafür können die (im Vergleich zu den glatten Synthetikfilamenten) flusigen Fasern allergen wirken oder als kratzend empfunden werden. Wollstoffe und Seide sollten – wenn überhaupt – nur nach Angabe im Etikett bei niedrigen Temperaturen in der Waschmaschine gewaschen werden, Jacken und Sakkos eher nicht. Denn selbst wenn die Zutaten für Maschinenwäsche geeignet sind, bekommt sie ein Nicht-Fachmann nicht anständig gebügelt.

Wir dürfen uns bewusst machen, dass sich der Klimawandel und die globale Erwärmung naturgemäß auch auf unsere Faser-Lieferanten auswirken: Für Kaschmir-Ziegen etwa gibt es keinen Grund mehr, ihre hochwertige wärmende Unterwolle in gleichbleibender Qualität zu produzieren, wenn die Temperaturen steigen ...

Ob Ziege oder Schaf: Wollpullover sind durch das lose Strickgewebe meist sehr instabil und können schnell die Form verlieren. Kalte Maschinenwäsche bei geringer Waschbewegung und Schleuderdrehzahl (Wollwaschgang) geht gut, im Zweifel sollten Sie aber hier die Handwäsche bevorzugen und die Ware liegend trocknen, da sie sich sonst auf dem Bügel verzieht. Das Bügeleisen stellen Sie bei tierischen Naturfasern auf zwei Punkte, also maximal 150 Grad, ein. Wolle profitiert außerdem sehr von Dampf – üben Sie aber keinen Druck auf die Nähte aus, weil sich die Nahtzugaben sonst durchdrücken. Seide wird unter trockener Hitze spröde. Bügeln Sie daher mit maximal zwei Punkten und möglichst, wenn das Kleidungsstück noch feucht ist. Noch ein Hinweis zum Tragen: Seide neigt – ähnlich wie vollsynthetische Fasern – zu elektrostatischer Aufladung, zum Beispiel bei sehr trockener / klimatisierter Luft in Kombination mit Teppichen. Dadurch „kleben“ feine Seidenstücke dann am Körper und machen sichtbar, was Frau eigentlich nicht zeigen möchte. Achtung also bei öffentlichen Auftritten!

Pflanzliche Naturfasern haben einen angenehm kühlen Griff und knittern immer. Bügelfreie reine Baumwolle wie sie oft bei Hemden angepriesen wird, ist ein Märchen und nur unter Einsatz heftiger chemischer Ausrüstungen zu erreichen. Im Handel läuft das vielfach als *Easy Care*. Baumwolle verträgt hohe Temperaturen, weshalb Kleidungsstücke daraus in der Regel bei 60 Grad waschbar sind. Sobald die Faser aber mit synthetischen Stoffen gemischt wird, die eine geringere Temperaturtoleranz haben, wird die Waschtemperatur in der Regel mit 30-40 Grad angegeben – zum Beispiel bei Hemden / Blusen aus Baumwolle-Polyester. Leinen hat eine geringe Scheuerresistenz und ein hohes Knitterverhalten und sollte deshalb gereinigt oder mit der Hand gewaschen werden. Beide Gewebe bügeln Sie mit drei Punkten, also bis zu 200 Grad. Trotz der Temperaturverträglichkeit der Baumwolle sollten Sie Ihre Hemden und Blusen mit wenig Ladung in der Waschmaschine als Feinwäsche, die einen höheren Wasserstand hat, bei geringer Schleuderzahl waschen (wie im Kapitel *Kleinkonfektion* beschrieben). Dadurch knittert die Kleidung weniger ein und lässt sich entsprechend leichter bügeln. Lassen Sie die Wäsche möglichst nicht den ganzen Tag in der Maschine liegen, sondern hängen Sie diese nach dem Schleudervorgang gleich auf.

Als Kultartikel und Umsatzgarant seit zwei Dekaden hat sich entsprechend auch der Variantenreichtum unserer geliebten Jeans erhöht. Mit Elastan und ohne, stark vorgewaschen oder nicht: Bitte schauen Sie auch hier genauestens auf das Etikett. Die klassische Baumwoll-Denim (Waren, die ursprünglich über den französischen Hafen *Nimes* nach Europa eingeschifft und danach benannt wurden) wäscht sich noch immer bei 60 Grad, während die hochelastische Schwester mit Applikationen und metallischen Kontrastgarnen nur geringe Temperaturen verträgt.

An irgendeiner Stelle in der Herstellung der indigoblauen Waren wird ganz sicher Wasser verbraucht, was ein *Zero Water* Werbeversprechen eher blass aussehen lässt.

Zellulosische Chemiefasern finden sich vielfach in Futterstoffen und leichten Shirts. Als Futterstoff in einer Jacke oder einem Sakko werden sie ohnehin fachgerecht mitgereinigt und gebügelt. Bei Shirts aus Viskose werden Sie nach der Wäsche zuhause feststellen, dass diese im feuchten Zustand deutlich schwerer werden und sich das Gewebe etwas brettartig anfühlt, nach dem Trocknen aber wieder leicht und geschmeidig ist. Dieses Phänomen ist die Folge eines hohen Quellvermögens und starker Feuchtigkeitsaufnahme. Daher lieben wir Viskose im Hochsommer so sehr. Kleidungsstücke aus diesen Fasern oder Mischungen mit Synthetik wie Viskose / Polyester waschen Sie bei niedrigen Temperaturen von 30-40 Grad und bügeln auf zwei Punkten. Eine Synthetikbeimischung verträgt Dampf beim Bügeln nicht.

Die unter dem Markennamen Tencel® eingetragene und aus Holz gewonnene zellulosische Chemiefaser Lyocell zeichnet sich durch eine hohe Feuchtigkeitsaufnahme (Schweiß), Atmungsaktivität und einen besonders seidigen, hautsympathischen Griff aus, deshalb ist sie so beliebt geworden. Zudem ist sie – im Gegensatz zu anderen synthetisch hergestellten Fasern – bei hohen Temperaturen waschbar und übersteht auch die Krankenhauswäsche, die strengen Hygiene-Vorschriften unterliegt. Denn erst ab 60 Grad werden Keime abgetötet. Genau deswegen ist Tencel® – obwohl teurer als zum Beispiel Viskose – eine gute Alternative zur reinen Baumwolle für Chirurgenkleidung, aber auch für Bettwäsche, Heimtextilien, Sportkleidung und Damenoberbekleidung, oft als Fasergemisch mit Baumwolle oder Polyester. Ähnlich wie bei „Kleenex“ oder „Coca-Cola“ hat der von der Herstellerfirma Lenzing AG eingetragene Name den Gattungsbegriff an Bekanntheit längst übertroffen und steht kennzeichnend für den Stoff. Bei der Herstellung wird ein ungiftiges Zellulose-Lösungsmittel eingesetzt, das die Abluftprobleme durch schwefelhaltige Verbindungen, die in der herkömmlichen Viskose-Herstellung anfallen, umgeht.

Synthetische Chemiefasern werden aus einer flüssigen Spinnmasse gesponnen, weshalb sie eine glatte Oberfläche haben und kaum flusen. Die Glätte macht sie hautsympathisch und weniger allergen, die Stoffe haben aber auch eine geringere Atmungsaktivität. Als Polyester-Futterstoff werden sie daher von vielen nicht gerne nahe am Körper getragen, sind dafür aber sehr gut geeignet für Innentaschenfutter und widerstehen auch besser so manchem Kuli, den wir in die Tasche bohren. Viele Hersteller unterscheiden leider nicht zwischen Körper- und Taschenfutter.

Textiltechnologische Neuentwicklungen im Bereich der Sportkleidung sorgen für entsprechend angenehmere Trageeigenschaften in diesem Warensegment, welche uns aber im normalen Einsatz der Synthetikfasern nicht zugutekommen. Es handelt sich dabei in der Regel um High-Tech-Membranen, die keine hohen Waschtemperaturen lieben. Beachten Sie die Textil-Kenzeichnung (TK) genau, weil gewünschte Haupteigenschaften wie Wasser- und Schmutzabweisen sonst verloren gehen. Die meisten Gewebe werden in der Feinwäsche bei 30–40 Grad ausreichend gereinigt und trocknen in null Komma nichts.

Das geringe Abflusen bei Reibung führt zum sogenannten Pilling, der erwähnten ungeliebten Kügelchenbildung, die auch bei flauschigen Wollgarnen vorkommt. Synthetikfasern sind aber in einem Punkt unschlagbar: Sie haben eine hohe Formstabilität und eine hohe Scheuerresistenz, weshalb sie gerne Wolle und anderen textilen Fasern beigemischt werden, um die Stoffe unempfindlicher gegen Aufrauen und Abwetzen zu machen.

Auf das nachhaltige Tragen von Kleidung gehe ich im Kapitel über Stoffe noch näher ein.

Textilien

Großkonfektion: Anzüge und Kostüme, Kleider, Hosen, Westen

Markennamen sind längst keine Qualitätsgaranten mehr. Es ist kein Geheimnis, dass auch sehr bekannte Designhäuser, die enorme Preise für *couturige* Kollektionen mit Glamour und Status verlangen, in Niedriglohnländern fertigen lassen. Und das in ebenfalls nicht geringer Stückzahl. Exklusivität durch Seltenheitswert ist also auch bei den Nobelnamen kein Verkaufsargument mehr.

Kann man dann nicht genauso gut in den günstigeren Laden um die Ecke gehen?

Praktisch gesehen kann man das sicherlich, wäre da nicht das Image des *Besseren*, das den teuren oder modischen Marken anhaftet. Bei Kleidung geht es wie bei Autos nicht selten darum, zu zeigen, was man hat. Und um in der gewünschten Liga zu spielen, investieren Marken viel Geld in Imagekampagnen und müssen dafür in der Produktion sparen. Wer aber ohnehin das Label heraustrennt, möchte sich vielleicht detaillierter damit befassen, was gute Qualität in der Kleidung überhaupt ist? Woran erkennen wir heute, ob ein Kleidungsstück gut gemacht und seinen Preis wert ist? Dazu habe ich auf der Grundlage von Gesprächen mit Lieferanten und kompetenten Textilfachleuten eine Checkliste für Verarbeitungsqualität zusammengestellt, die Sie weiter hinten im Buch.

Eine gute Verarbeitung erkennen Sie zum Beispiel bei einem genaueren Blick auf die Details: Ein ruhiges und sauberes Nahtbild, Abnäher, die keine „Tüten" an den Enden bilden, gut angenähte Knöpfe, nicht fransende Knopflöcher, außerdem die Innenverarbeitung wie Futternähte, Versäuberungsnähte (Kettelung), Paspeln, Staffierung der Säume etc. Zudem sollten Modell, Schnitt und Stoff aufeinander abgestimmt werden: Keine Frau will zum Beispiel eine Hose aus zu dickem Stoff, der aufträgt.

Was aber – wenn nicht die Qualität – ist noch relevant für die Preiskalkulation und rechtfertigt höhere Preise von Kleidung?

Neben Werbung und dem Image der Marke gibt es zunächst unterschiedliche Vertriebsmodelle der Produktions- und Handelsketten, die sich auf die Preisgestaltung auswirken.

- Vertikalanbieter produzieren inklusive Stoffeinkauf und Produktionskostenrisiko selbst und haben damit sämtliche Zwischenhändler ausgeschaltet, was die Warenbeschaffungskosten verringert. Ob die Kostensenkung auch beim Verbraucher ankommt, ist eine andere Sache. In der Regel sind das Handelsketten, die in eigenen Stores verkaufen.

- Andere Modeanbieter oder -marken werden von verschiedenen Herstellern beliefert, die für sie Design und Entwicklungskosten des Modells, das Produktionskostenrisiko und in der Regel auch das Lagerrisiko übernehmen. Die ehemaligen Kataloge, die heute wie alle anderen *online* vertreiben, arbeiten so. Trotzdem laufen die Kollektionen unter der eigenen Fahne des Modeanbieters, der Hersteller bleibt anonym und wird öfter mal ausgetauscht. Das führt zu einem Preiskampf der herstellenden Betriebe, die einander unterbieten, um Aufträge zu erhalten oder zu behalten, damit ihre Produktionskapazitäten ausgelastet sind. Und obwohl viele dieser Betriebe am wirtschaftlichen Limit arbeiten, kommt der niedrig kalkulierte Produktionspreis selten bei uns Verbrauchern an.

- Das Warenhaus-Modell sieht vor, mehrere Marken unter einem Dach anzubieten. Auch Drogeriemärkte folgen ursprünglich diesem Modell und ergänzen durch Eigenmarken in attraktiver Preislage. Für die Verbraucher bedeutet dies eine größere Vielfalt bei hoffentlich besserer Beratung. Auch die lässt aber zusehends nach, denn gerade Warenhäuser sind nur noch Flächenvermieter, deren *Shop in Shops* von markeneigenem Personal bewirtschaftet werden ... wenn da überhaupt jemand steht. Diese kennen sich auch nur bezüglich der eigenen Marke aus. Gute Beratung durch ausgebildetes, marken-unabhängiges Fachpersonal ist damit immer mehr aus der Mode gekommen – und gleichzeitig stellt sie die große Chance für den Handel dar.

Denn Beratungsqualität ist das eine Juwel, das der stationäre Einzelhandel den Mono-Markenstores und dem Internetverkauf voraushat. Kund:innen, die gute Beratung suchen und finden, können zu Stammkund:innen werden – und wer viele davon hat, ist auf die Fans der Schnäppchenjagd, die allein dem Preis folgen, weniger angewiesen. Inzwischen gleichen viele Modehäuser eher einem Showroom, in dem wir anhand eines Mustergrößensatzes fühlen und erleben dürfen, was wir uns dann – noch vor Ort – online bestellen. Für den Anbieter hat das den Vorteil, dass er größere Lagerflächen aus den teuren Innenstadtlagen in Außenlager mit günstigeren Quadratmeter-Preisen verlegen kann.

- Aufgrund der Undurchschaubarkeit der Preise werden gute Beratung oder Vorbilder zunehmend gesucht. Was sonst erklärt den Beruf der *Personal Shopper* und den Erfolg von Modebloggern? Deren Unabhängigkeit steht allerdings seit einigen Jahren ebenfalls infrage: Dass geldwerte Werbung in der Vergangenheit nicht erkennbar als solche deklariert wurde, gilt als die Geburtsstunde der gefürchteten Abmahn-Anwälte ... Ein relativ neues Tool im B2C (*Business to Customer*) finden wir inzwischen im *Live-Shopping*, einem Markenvertrieb, bei dem *Influencer* und bekannte Gesichter Produkte wie im Tele-Shopping präsentieren. Durch die Chat-Funktion sind wir als *User* nur eine gefühlte Armlänge von dem oder der Einflussgeber:in unseres Vertrauens entfernt und werden so subkutan an die Marke gebunden. Solange diese eine nachhaltige Botschaft und eine faire Produktion hat, ist das auch in Ordnung.

Welche weiteren Komponenten sind in Preisen für Textilien enthalten? Nach den beschriebenen Strukturen und Kosten für Vertriebswege, Marketing und Werbung, Kosten für Warenhandling und Transport sowie kalkulatorischen Lagerhaltungskosten kommen wir irgendwann ganz am Anfang der Kette an: bei den verwendeten Stoffen und Zutaten sowie der Verarbeitungsqualität. Wie lang muss und wie kurz darf so ein Kleidungsstück halten? Wenn es nach der *Fast-Fashion*-Industrie ginge, bliebe die Lebensdauer von textilen Kleidungsstücken an schnelllebige Trends gebunden, wodurch sich die Frage nach der Qualität des Stoffs im Modeverkauf gar nicht mehr stellen würde. Wir denken an das Brennmaterial in Osteuropa. Aber Corona hat viele von uns auch nachdenklich gestimmt.

Exkurs *Corporate Fashion*:
Ganz anders ist das übrigens bei der Einkleidung von Firmenmitarbeiter:innen, wo die Frage nach der Haltbarkeit naturgemäß elementar ist. Hier gilt: Eine Grundausstattung von zwei Jacken, zwei Westen und vier Unterteilen wie Rock oder Hose sollte bei einem Vollzeit an fünf oder sechs Tagen arbeitenden Mitarbeiter zwei Jahre halten, bevor sie ersetzt wird. Damit kämen wir auf rund 230 Tragetage für eine der beiden Jacken, wenn diese ganzjährig eingesetzt wird. Diese Kalkulation begründet den Anspruch an die Scheuerresistenz des verwendeten Oberstoffes, bevor er an Sitz- und Auflageflächen anfängt zu glänzen (mehr dazu im Kapitel über Stoffe) – und die Pflege der Kleidung. Nur ein einheitliches und professionelles Reinigungssystem stellt die gepflegte Warenoptik bei hohem Arbeitseinsatz sicher.
Allein die Wirtschaftlichkeit schreibt also vor, dass diese Kleidung lange zu halten und lange gut auszusehen hat – im Interesse des Budgets und auch im Interesse des Firmenimage, denn nur hochwertige Mitarbeiterkleidung vermittelt den Eindruck erstklassiger Leistungen und Produkte. Jeder andere Auftritt kostet Glaubwürdigkeit und damit Kunden.
Aus dieser Betrachtung heraus ist es vollkommen unverständlich, dass manche Unternehmen ihre Mitarbeiter billig einkleiden, denn „minderklassig" ist dann auch das Bild, das wir als Empfänger der Botschaft im Gedächtnis behalten. Unter anderem deshalb sollten Unternehmen neben einem CEO (Chief Executive Officer), CFO (Chief Financial Officer), CMO (Corporate Marketing Officer) und weiteren Chiefs auch noch eine:n CIMO bekommen, eine:n Corporate Image Officer. Diese:r müsste unter der „Corporate Identity" (CI) nicht nur die einheitliche Platzierung des Logos auf Schildern und Briefpapier verstehen, sondern das ganzheitliche Konzept dahinter. Dazu zählt definitiv auch die Außenwirkung der Mitarbeiter – also deren Ausstrahlung, Auftreten und Benehmen.

Dabei darf die modische Aussage nicht an erster Stelle stehen. Trotzdem aber sollten die Schnitte regelmäßig an das Zeitgeist- und Modebild angepasst werden, während das Design als solches bleibt, damit die Kollektion – und damit die Firma – noch modern wirkt. Zum Beispiel werden Damenblazer heute schmaler in der Schulter und mit einem kleineren Armloch geschnitten als noch vor wenigen Jahren, sodass auch die Ärmelweite geringer wird. Viele Unternehmen, in denen Uniform getragen wird, verschlafen das leider.

Solange wir als Konsumenten nur nach dem billigsten Preis suchen statt Preis und Leistung wieder in eine vernünftige Relation zu setzen und die Frage zu stellen, was in einem Preis eigentlich enthalten ist, wird *billig* die teure Lösung bleiben – dann nämlich, wenn die Warenoptik den Preis erkennen lässt oder der niedrige Preis auf Kosten von Menschen in den Produktionsstätten und auf Kosten unseres Globus geht.

Qualität hat auch im Textilbereich unbedingt mit Kontinuität zu tun und braucht stabile Prozesse in der Herstellung. Mehr Zeit und ein partnerschaftliches Gespräch zwischen Auftraggeber und Hersteller wären gut – das bezahlen wir Endkunden aber heute nicht mehr. Ein Produzent, der sich von der Branche inzwischen abgewandt hat, formulierte es einmal so: „Wenn die ganz Großen in die Preisschlacht gehen, müssen ohnehin alle mitziehen. Kurz: Der Konsument bestimmt das Spiel. Am Ende leidet das Produkt darunter, und der Kunde bekommt nicht, was er in der Preislage bekommen könnte."

Denn Tatsache ist: In einem deutschen Atelier kosten Design und Modellentwicklung mit mehreren Mustern, Gradierung und Zeitaufwand (ein Herrensakko hat über 80 Schnitt-Teile!) in der Großkonfektion je nach Modell und Entwurf 2.000 bis 3.000 Euro, was entsprechende Stückzahlen verlangt, damit sich dieser Aufwand lohnt ... beziehungsweise Designdiebstahl zu einer naheliegenden Idee macht.

Denn unser Anspruch aus Kundensicht ist genauso Tatsache:

- Zeitgemäße Schnitte, die ein Gefühl von Attraktivität verleihen
- Konfektionierung – bequem und größenkonform
- Ober- und Futterstoffe für ein angenehmes Körperklima, Wohlgefühl und Formstabilität
- Wertige, dem Preis angemessene Verarbeitung
- Änderbarkeit z.B. bei Hosenbein- und Ärmellängen sowie Körperweiten

In den letzten Jahren zeigt das Modebild in der Damenkonfektion überwiegend *Oversize*-Jacken, die aber nicht jeder Frau gut stehen:

Gerade filigrane Figuren sehen darin schnell aus, als hätten sie die Kleidung geerbt. Und wie immer muss man sich fragen, welchen Sinn so ein Trend hat:

Zu große Passformen sind nicht nur super bequem und tun wenig für die Körperhaltung – sie senken auch garantiert die Retourenquote für den Händler, weil auf einmal nichts mehr zu klein ist und auch die Taillenhöhe entfällt: Bei *Oversize* spielt es kaum eine Rolle, ob die Trägerin einen langen oder kurzen Oberkörper hat. Zudem fühlt sich *frau* darin immer schlank, was schmeichelt.

Kristina Reutter-Hopp ist Herz und Seele eines der ältesten textilproduzierenden Betriebe, die heute noch in Deutschland ansässig sind. Dabei ist auch ihr eigener Produktionsstandort schon lange in Rumänien beheimatet, weil das Unternehmen nur auf diese Weise kostengünstig und damit wettbewerbsfähig arbeiten konnte und kann. Das Erbe der langen Familientradition legt es nahe, sich immer wieder neu zu erfinden – auch und gerade hier, im badischen Gutach im Schwarzwald.

Hier hat man sich auf Damenhosen spezialisiert und ist dem Thema bis heute treu geblieben. Was sie sagt, lässt sich aber sehr gut auch auf die Ansprüche an Passform, Sitz und Material von Großkonfektion übertragen. Die gelernte Modedesignerin geht präzise mit Worten und Begriffen um, während wir gemeinsam diese Empfehlungen formulieren:

- Passform und Verarbeitung: Passen Oberstoff und Schnitt zusammen? Bei einem hochelastischen Stoff kann und sollte z.B. der Hüftumfang etwa 6 cm geringer ausfallen als bei einem nicht elastischen. Heißt: Ein Kleidungsstück sieht am Bügel schmeichelhaft schmal aus und sitzt dann am Körper wie angegossen – sofern auch die Hüftrundung stimmt, also das Verhältnis von Taillen- und Hüftmaß.

- Zum Einkauf nehmen Sie bitte die richtigen Schuhe mit: Ein weites Hosenbein endet hinten auf der Mitte der Absatzhöhe, ein schmales steht vorne auf den Spann auf und macht im Stehen einen Knick. Das ganz enge Hosenbein reicht bis zum Knöchel.

- Die Ärmellänge von Sakkos und Jacken endet an der Handgelenkwurzel. Betont modische Herren tragen sie kürzer, um mehr als die üblichen 2 cm von der Hemdmanschette zu zeigen.

- *Touch & Feel*: Ein angenehmer Griff beim Anfassen des Stoffes, keine Geräusche in der Bewegung: Man sollte Ihre Ankunft nicht hören. Blusen und Abendkleider dagegen dürfen rascheln – Blusen allerdings in Videokonferenzen und Podcasts besser nicht.

- Qualität: Konfektion sollte ein „gutes Gesicht" haben und uns anlächeln. Ist uns sympathisch, was wir sehen? Fällt das Teil gut und zeigt es erkennbare Sorgfalt?

- Größe: Bitte kein Selbstbetrug – es ist nicht relevant, was auf dem Etikett steht. Entscheidend ist, ob die Konfektionsgröße am Körper passt.

- Sitz: Bei Hosen bitte die Schrittlänge überprüfen, indem Sie sich hinsetzen oder sogar Kniebeugen machen. Vorne darf eine Hose kein sogenanntes Katzengesicht (jene strahlenförmigen Falten vom Schritt Richtung Hüftbogen) machen, dann wurde die Hose zu eng gewählt.

- Unterwäsche sollte nicht sichtbar werden.

- Stoffempfehlungen: Mischungen aus Naturfasern mit wenig Elastan schmiegen sich an und geben der Bewegung Leichtigkeit. Auch reine Wolle – etwa für Herrenanzüge und -hosen – besitzt eine natürliche Elastizität und sorgt für ein gutes Körperklima. Oberbekleidung aus synthetischen Fasern braucht einen angenehmen Griff und muss auch nach mehreren Reinigungszyklen noch gut aussehen, damit wir sie lange behalten und mit der Marke zufrieden sind. (Leider lässt sich das vorher nicht feststellen und ist eine Sache von *trial and error*. Deshalb ist es für Modemarken auch so wichtig, Lieferanten zu haben, die ihrerseits Erfahrung und Know-how mitbringen.)

- Je enganliegender ein Konfektionsteil ist, desto eher sollte es waschbar sein – übrigens auch die Futterstoffe!

Kleinkonfektion: Hemden, Blusen und Shirts

Im Artikelbereich, also bei allen Kleinteilen in der Mode, sind die Preisunterschiede besonders frappierend und nirgendwo sonst wird so deutlich, wohin uns der Markenhype geführt hat: T-Shirts zum Beispiel bekommt man in den sogenannten Textildiscountern bereits für wenige Euro, im Doppelpack, versteht sich, dagegen blättert man in der Markenboutique und mit Aufdruck des Labels manchmal das Zwanzigfache hin.

Dabei müsste ein Markenfan, der das Logo eines beliebten Labels werbewirksam spazieren trägt, doch beinahe eine Promoter-Gage bekommen – statt dafür annähernd 100 Euro zu zahlen. Umgekehrt glauben manche Leute tatsächlich, ein Shirt koste nur 4 (oder noch weniger) Euro inklusive Mehrwertsteuer und verwenden nicht einen einzigen Gedanken darauf, ob das realistisch ist: Klar – je größer die Produktionsmenge pro Artikel und Farbe, desto kleiner der Preis, denken sie vielleicht. Denn die Nähmaschinen müssen zwischendurch seltener umgefädelt werden, und dem Webstuhl, zum Beispiel für Hemdenstoffe, ist es auch egal, wie viele Laufmeter Stoff durchlaufen, wenn er erst einmal in Gang gesetzt ist. Aber richtig gerechnet sieht es doch so aus: Die für T-Shirts verwendeten *Jersey*-Qualitäten, welche gewirkte, nicht gewebte Waren sind, kosten bei einem europäischen Hersteller etwa 7 bis 9 Euro pro Kilogramm, wovon ca. 300 Gramm für den Zuschnitt eines Stücks gebraucht werden. Wenn der Stoff für ein T-Shirt also zwischen 2,10 und 2,80 Euro kostet, blieben noch zwischen 1,20 und 1,90 Euro fürs Nähen, Kontrollieren, Verpacken, Transportieren, Präsentieren und im Laden Verkaufen sowie für die Mehrwertsteuer. Kurz: Der Billigpreis ist genauso unrealistisch wie der aus dem Nobelladen.

Welche Fertigungslöhne gezahlt werden und wie es den Menschen in den Produktionsstätten geht, ist bisher überwiegend diffus und undurchsichtig. Aber es gibt Hoffnung: Ein Vorbild etwa ist der amerikanische Online-Bekleidungshersteller *Everlane* (www.everlane.com/). Hier wird bei jedem Produkt nicht nur das Produktionsland ausgewiesen, sondern es werden auch die Kostenanteile für Stoff und Zutaten (wie Knöpfe), Lohnfertigungskosten, Steuerabgaben und Transportkosten transparent gemacht.

Wir sollten den Nähbetrieben, die für uns arbeiten, einen gesetzlichen Mindestlohn mit Lohnsteigerung für gute Arbeit aus erfahrener Hand sowie angemessene soziale Bedingungen als selbstverständlich zugestehen. Den ganzen Tag an einer Nähmaschine zu sitzen und *non-stop* hohe Konzentration aufzubringen, ist sehr, sehr anstrengend. Überdies muss noch Geld für die Investition in neue Maschinen und deren Wartung übrigbleiben – und für eine differenzierte Produktionsplanung: Denn nur eine entsprechende Effektivität sorgt für einen angemessenen Fertigungspreis.

Wir dürfen auch wieder den Gedanken integrieren, dass unser Gegenüber etwas verdienen darf – denn der Grundgedanke der Wirtschaft basiert doch darauf, dass Leistungen honoriert – und Produkte bezahlt werden. Die Frage ist nur, wie groß die Verdienstspanne ist, wo sie hängen bleibt und ob sie auf Kosten anderer geht. Da liegt der Haken. Die Produktqualität selbst und auch eine gute Beratung erhöhen den Wert für uns Verbraucher:innen – ein reiner Zwischenhandel, der zum Produkt aber nichts beiträgt, tut für uns nichts.

Jersey ist übrigens die Handelsbezeichnung für Waren mit einer Strick-Struktur wie sie bei T-Shirts und Hoodies, Jogginghosen, Pullovern und Unterwäsche verarbeitet werden. Sie sind gleichermaßen soft wie informell.

Kein Produkt – außer der Unterwäsche inklusive Strumpfhosen – kommt so großflächig mit unserer Haut in Berührung wie Kleinteile. Darum lohnt sich ein Blick auf die Qualität nicht nur im Hinblick auf den Preis, sondern vor allem mit Blick auf die Hautverträglichkeit und die Lebensdauer, sprich: die Anzahl der Wäschen, die so ein Kleidungsstück mitmacht. Nicht umsonst bestehen Hemden, Blusen und Shirts traditionell aus Baumwolle, Viskose – einer chemisch hergestellten Faser aus Holzzellulose – oder Seide, also weitgehend natürlichen Geweben. Polyester hat erst seit wenigen Jahrzehnten einen festen Platz in der Kleinkonfektion.

Nun aber kommt der moderne Zeitmangel ins Spiel: Frau oder Mann bringen heutzutage nur noch eine geringe Bügelneigung mit, alles muss schnell gehen. Und das rechtfertigt chemische Oberflächenbehandlungen, sogenannte Ausrüstungen von *easy care* bis *bügelfrei*. Nur leider dichten diese Chemikalien das Gewebe ab, sodass Menschen darin schneller anfangen zu schwitzen. Umso mehr, wenn sie im Scheinwerferlicht stehen, wie diese erlebte Anekdote zeigt: Beim Produkt-*Launch* einer neuen Hemden-Linie war auch das prominente *Testimonial*, seines Zeichens Hollywood-Star und Frauenliebling, zugegen. Um den Damen des Abends etwas zu bieten, wurde er am Eingang unter mehrere Scheinwerfer positioniert, wo sich die weiblichen Fans mit ihm ablichten lassen durften. Und während die Schlange stehenden Frauen schnell wieder weiterziehen konnten, musste der arme Mann gefühlt zwei Stunden für *Posings and Postings* zur Verfügung stehen und lächeln – während ihm der Schweiß in Bächen von Stirn und Schläfen lief. Am Ende dieses Leidenswegs war unser Star vollkommen fertig.

Im Lebensmittelbereich wird schon lange von *Convenience Food* gesprochen, in unserem Bereich sollten wir ruhig von *Convenience Fabrics* reden – also von künstlich passend, bequem oder komfortabel gemachten Stoffen. Durch Chemikalien. Diese landen dann als Produktionsabfälle und beim Waschen zuhause wieder im Kreislauf – auch in der Nahrungskette. Gerade Outdoor- und Funktionsbekleidung wird mit Verweis auf einen nicht nachzuweisenden Kundenwunsch mit Hochleistungs-Eigenschaften versehen, die jeden zu erwartenden *Impact* an Regenwasser und anderen Naturelementen übertreffen dürften. Für unseren Waschzyklus bedeutet dies, dass wir die Frequenz des Waschens an das jeweilige Kleidungsstück anpassen sollten: Was wir nicht direkt auf der Haut tragen, braucht auch nicht nach jedem Tragen gewaschen zu werden.

Ein hochwertigeres Veredelungsverfahren von Baumwolle ist das Merzerisieren: Dabei wird das gesponnene Garn vor dem Weben gestreckt und konzentrierter Natronlauge ausgesetzt, wodurch sich der Querschnitt der Faser verändert und rund wird. Außerdem schrumpft die Faserlänge um 25 %, was ihr mehr Festigkeit gibt. So bekommt die Baumwolle einen hohen Glanz und geschmeidigen Griff, der als seidenähnlich empfunden wird. Die Strukturveränderung ist bleibend – anders als die nachträgliche Ausrüstung. Da bei diesem Prozess das Garn und nicht etwa die Fläche behandelt wird, ist der Stoff noch luftdurchlässig.

Auch in allen anderen Warengruppen hat lange Freude an der Kleidung, wer gut mit ihr umgeht. Im Fall von Hemden, Blusen und Shirts, deren Krägen ja nahe am Gesicht sitzen und den Pflegezustand im Zoom des Videokonferenz-Zeitalters noch empfindlicher sichtbar machen, bedeutet das außer durchdachten Waschgewohnheiten die Fähigkeit, sich auch vom Lieblings-*Lummelteil* kompromisslos zu trennen, wenn es abgestoßene Kragen und Kragenecken zeigt oder als Wirkware (Shirts) verblichen ist beziehungsweise die Form verliert. Je nach Pflege ist das nach 35 bis 40 Wäschen der Fall.

Waschen

- Trennen Sie Wäsche immer nach hell und dunkel und nach den Waschtemperaturen.
- Kleidungsstücke sollten Sie auf links drehen und Hemden sowie Blusen zuknöpfen.
- Weniger Ladung in der Waschmaschine sorgt dafür, dass die Wäsche nicht so stark knittert.
- Wählen Sie einen möglichst hohen Wasserstand, also die Feinwäsche-Einstellung.
- Schleudern Sie bei geringer Tourenzahl.
- Nach der Maschinenwäsche hängen Sie die Teile möglichst gleich auf, damit sie nicht feucht einknittern.
- Hemden und Blusen dürfen nicht im Trockner *getumbled* werden.
- Extratipp: Entdecken Sie den Spülgang Ihrer Waschmaschine. Die meisten Waschmaschinen haben heute ein Kurzprogramm und traditionell auch einen eigenen Spülgang. Feine Blusen oder Tops zum Beispiel sind oft nicht wirklich verschmutzt, sondern brauchen nur ein bisschen Erfrischung. Statt also die Wassermenge einer vollen Maschine einzusetzen, können Sie diese Teile in kurzer Zeit mit sehr wenig Feinwaschmittel durchspülen. Die

Faser wird erfrischt und das Kleidungsstück geschont. Mit Wollpullovern können Sie ebenso verfahren. Für sehr leichte Wäsche und BHs mit Bügeln gibt es Wäschesäcke. (Die sind übrigens auch tolle Organisationshilfen beim Kofferpacken für die Reise.)

Erwartungen an Hemden, Blusen und Shirts:

- Verwendung hautsympathischer Stoffe und Garne, auch bei der Nahtverarbeitung
- unkomplizierte Pflege auch bei vielen Waschzyklen
- modische Schnitte, Farben und *Dessins* (Muster)
- Farbechtheit

Gute Verarbeitung in der Kleinkonfektion erkennen wir durch einen Blick auf die Details:

- Keine Fäden, die weghängen.
- Knopflöcher sind ordentlich und ohne Fäden im Knopfloch vernäht.
- Knöpfe sollten kreuzvernäht sein.
- Die Stichzahl der Nähte liegt bei mindestens sieben Stichen pro Zentimeter, bei sehr edlen Waren bei 10 oder mehr Stichen.
- Muster sind bei Nahtübergängen und auch bei Taschen angepasst.
- Kragen, Manschette und Knopfleiste sind mit einer guten Einlage verklebt.
- Am Schlitz oberhalb der Manschette findet sich ein kleinerer Knopf.
- Kragenstäbchen sind herausnehmbar.
- Bluse oder Hemd sind lang genug, damit sie nicht aus der Hose rutschen.
- Lebensdauer je nach Stoff: 30 bis 50 Waschzyklen

Für uns unsichtbar – für das Ergebnis aber bedeutsam – hat die Ware (übrigens auch die Großkonfektion) diese Qualitätskontrollen durchlaufen:

- Kontrolle des Oberstoffs auf Webfehler oder Fadenverdickungen
- Ermitteln der *Einlaufwerte* durch Waschtests
- Abstimmung von Fadenspannung und Nähgarn auf jeden Stoff
- Auswahl einer passenden Einlage und deren Fixierung mit der richtigen Temperatur
- Kontrolle der fertigen Kleidungsstücke auf Maßeinhaltung anhand der vorgegebenen Maßtabelle und Verarbeitung

Maßkonfektion

Heute ist sie kaum teurer als ein vergleichbarer Anzug von der Stange – nur haftet ihr der Ruf des „überflüssigen Luxus" bis heute an. Ein unvoreingenommener Blick auf Preis und Leistung aber macht schnell transparent, dass wir in der Herrenkonfektion (Haka) für einen gut verarbeiteten Zweiteiler den gleichen Betrag hinblättern müssen wie für einen selbst *designten* und individuell für uns gefertigten, der noch dazu besser sitzt. Nur in der Damen-Oberbekleidung (DOB) ist es noch anders, die Damenwelt an die niedrigen Preise des überhitzten *Fashion*-Marktes gewöhnt, wobei allerdings die DOB viel mehr als die Haka auf billige, vielfach synthetische Stoffe zurückgreift.

Und so passiert es nicht selten, dass gestandene Frauen mit Kompetenz und wunderbaren Karrieren in günstig wirkenden Teilen neben nobel gekleideten Männern auftreten. Dieser Direktvergleich ist es, der Maßkleidung auch für Frauen ihre Daseinsberechtigung gibt, wenn auch der Anteil am Markt marginal ist. Denn in der Maßkonfektion sprechen wir bis heute von Geweben, die auch ohne – oder mit wenig – Elastan gut sitzen und eine edle, wertige Ausstrahlung verbreiten. Dennoch kommt auch der Maß-Markt an der Entwicklung hin zu bewegten, strukturierten Warenbildern (bei denen die Stoffoberfläche nicht glatt ist, sondern Tiefe und Griff hat) in lebendigeren Farben nicht vorbei, denn Männer wie Frauen haben sich in einem modernen Leben zwischen Kita und Karriere vielfältigen Tätigkeiten zu widmen, die Mobilität verlangen. Und sie wollen sich selbst stärker ausdrücken.

Ein sanfter Stretchanteil und *Maß* sind kein Widerspruch: Die Vorzüge guter Passform liegen weniger in der richtigen Weite, sondern vielmehr in perfekten Proportionen und Längenmaßen. Sind wir also größer oder kleiner als der Standard, sind die Abnäher immer noch auf der richtigen Höhe, Ärmel-, Hosenbein- und Jackensaum so gewählt, dass wir (allein stehend) auf einem Foto größenneutral wirken, weder sehr groß, noch klein. Das gibt unserem Auftritt in jeder Hinsicht Größe.

Außerdem wird es unbedeutend, ob wir beispielsweise oben und unten verschiedene Konfektionsgrößen tragen, eine breite Schulter oder ein starkes Schulterblatt haben: Es passt einfach immer, sieht selbstverständlich und natürlich aus. Elastizität gibt es als Querstretch (was den Bewegungs-Spielraum in Schultergürtel und Hüftweite erhöht) und als Bi-Stretch (was zusätzlich die Knie- und Ellenbogenbeugung längs erleichtert). Nur beulen diese Partien bei Verwendung billiger Waren schnell aus.

Maßkonfektion setzt auf bestehende Konfektionsgrößen auf, die dann individuell angepasst werden. Bei Echt-Maß werden alle Maße neu ermittelt und ein neuer Schnitt erstellt.

Was kennzeichnet nun eine gute Maßanfertigung? Dazu diese Geschichte:

Glücklich-stolz präsentierte sich die Kundin im Maßatelier ihres Vertrauens. Sie hatte in sechs Monaten zwei Kleidergrößen abgenommen und wollte sich nun mit einem neuen *Ensemble* auf Maß belohnen. Was nun passierte, hatte mit kompetenter Beratung etwa so viel zu tun wie eine Ente mit dem neuesten Modell von Mercedes: Der Hosenschnitt, der bereits von Größe 46 auf 44 abgeändert worden war, sollte erneut als Grundlage dienen, um die neue, noch kleinere Hose in der nun passenden 42 für die Kundin anzufertigen.

Wer ein bisschen Grundverständnis von Kleidung und den Größensprüngen der Konfektionsgrößen hat, kann sich denken, dass Änderungen um eine Größe funktionieren, nicht aber um zwei oder mehr. Die Abstände der Grundlinien im Schnitt, zum Beispiel vom Schritt bis zur Bügelfalte, verändern sich zu sehr, sodass es schlichtweg nicht ausreicht, nur an der Seitennaht „a bisserl" anzupassen. Damals musste ich einschreiten, um durchzusetzen, dass man sich die Mühe machte, die individuellen Maßanpassungen auf Basis der korrekten Konfektionsgröße 42 zu machen – und damit noch einmal neu anzufangen.

Diese Begebenheit – erlebt in Deutschland – zeigt, wo Qualität in der Maßkonfektion beginnt: In der Ausbildung des Personals, das Beratung, Maßnehmen und Ändern gründlich beherrschen sollte und keine Kompromisse macht, wenn es um Millimeter und Minuten geht. Denn Maßkonfektion ist nichts für Faule. Ein:e

Spezialist:in weiß das Maßband kontinuierlich gleich eng oder weit anzulegen, achtet auf Maßhaltigkeit des Maßbandes, das sich bei sehr warmen Temperaturen und je nach Material auch weiten und geringfügig – aber für die Maßangaben bedeutsam – an Länge gewinnen kann, und erkennt auch die Angewohnheit der Kundschaft, die Brust herauszustrecken, sobald sie vor dem Spiegel steht. In einem solchen Fall wird der sensible Fachmensch Sie dann in einen Small Talk verwickeln, bis Sie wieder normal stehen, bevor er Maß nimmt.

Gerade Frauenkörper haben wegen des dehnbareren Bindegewebes viel mehr Stellen, an denen sie zu- oder abnehmen können, was Maßarbeit für Damen zu einer wahren Kunst macht. Dazu kommt, dass Frauen tendenziell eine stärkere emotionale Verbindung zu ihrem Körper haben, weshalb sie anspruchsvoller und empfindlicher sind. „Ich weiß schon, was ich an meinen Männern habe", sagte einmal eine erfahrene Verkäuferin aus der Herren-Maßschneiderei. „Die sind zufrieden, auch wenn es bei der Abholung mal nicht ganz so perfekt sitzt. Frauen aber mäkeln an jeder Kleinigkeit herum." Maßkleidung muss nämlich immer zweimal verkauft werden: Einmal beim Maßnehmen – und noch einmal bei der Abholung.

Der Siegeszug der Frauenquote allerdings legt nahe, dass auch die Maßangebote für Frauen schnellstens aus den Kinderschuhen kommen sollten. In der Damengarderobe gibt es beispielsweise ein Kleidungsstück, das eigentlich jede Frau im Job und privat gut aussehen lässt, sofern es perfekt sitzt: das Etuikleid. Wenn alle Nähte, Säume, Abnäher und der Ausschnitt auf der richtigen Höhe sind, entwickelt es Charme und eine Ausstrahlung von Kompetenz zugleich. Beides steht Frauen im Business gut. Und wenn Sie in Spitzenpositionen wollen, brauchen sie vor allem eines: Kleidung, auf die sie sich verlassen können und die ihnen Souveränität gibt. Dieses Bedürfnis ist in Modeläden nicht immer zu befriedigen, insbesondere, wenn die Frau eine Figur hat, die mit *Stangenware* – also gängigen Konfektionsgrößen im Normalgrößensatz – schwer einzukleiden ist. Dann ist *Maß* der Schlüssel zur Eleganz. Auch an *Chic* sollte es nicht fehlen – er hebt das Selbstbewusstsein und die Laune. Die oft wuchtig anmutenden Blazer, die an Herrensakkos oder eine „Rüstung" erinnern, sind nicht das, was Frauen sich erträumen.

Kleidung für Frauen im Business sollte zwar Formalität wahren und schon gar nicht weibliche Reize in den Vordergrund spielen, darf das Weibliche aber auch nicht verstecken. Um eine Zukunft zu haben, braucht sie weiche Stoffe, lebendige Strukturen und Farben sowie bewegungsfreundliche Schnitte und Verarbeitungen. Kurz: Die Kleidung sollte angezogen, zeitgemäß – aber nicht zu trendig – sein und darf auf starke Farben setzen, die der Frau allerdings stehen müssen. Sonst tun sie eher etwas gegen als für die Frau. Nur so können Frauen im Business von unsichtbaren Mitläufern zu unübersehbaren Mitspielerinnen werden. Der schwarze oder anthrazitfarbene Anzug, der meistens auch noch schlecht sitzt, ist für die Karriere von Frauen dagegen eher kontraproduktiv.

Von uns als Kunden jeden Geschlechts verlangt *Maß* die Reife der Entscheidung – denn Änderungswünsche sind ab einem bestimmten Punkt der Anfertigung nicht mehr möglich – und einen realistischen Blick auf das Machbare: Eigenheiten des Körpers werden durch Maßkleidung zwar gut inszeniert, nicht aber unsichtbar gemacht. Der Begriff der Maßkleidung wird übrigens erst seit der Industrialisierung verwendet, um sich von Angeboten aus Serienfertigung abzuheben – davor war quasi alles Maß.

Ein gutes Angebot hat für seine Kund:innen neben einer Grundpalette von Business-Stoffen auch Modisches zur Auswahl und versteht sich perfekt auf die Kunst, Schnitte und Farben auf die Persönlichkeit von Frau oder Mann abzustimmen. Stilberatung ist hier gefragt, aber auch Wissen um den strategischen Einsatz von Kleidertypen und -formen, denn die Kundin, die in einer Bank arbeitet, braucht mehr „Rüstung" als die Marketingleiterin oder Kreativdirektorin. Und es ist auch nicht ratsam, schicker als Chef oder Chefin gekleidet zu sein oder umgekehrt zu lässig bei einer wichtigen Präsentation zu erscheinen. Ein:e Maßspezialist:in ist also gleichzeitig Profi des Schneiderhandwerks, Stilberater:in und Karrierecoach. Oder arbeitet mit solchen zusammen.

Denn die Verantwortung ist groß: Um den höheren Preis der Arbeit auf Maß zu rechtfertigen, muss das Ergebnis unangreifbar und über jede Kritik erhaben sein. Negative Bemerkungen aus dem Umfeld nehmen wir nämlich ernst (und meistens persönlich) – und das betreffende Kleidungsstück wird ab dem Moment eine Schrankleiche. Und genau das riskiert auch, wer unzutreffende Maße in die Eingabemaske eines Internetanbieters tippt, weil er oder sie es nicht besser weiß. Denn das Ergebnis ist immer nur genauso gut, wie der verarbeitende Betrieb mit den Maßen auch etwas anfangen kann. Die digitale Bestellung ist dagegen die perfekte Lösung, wenn man ein Modell mit erprobten Maßen in gleicher Stoffqualität nachbestellen möchte, um Zeit zu sparen. In einem guten Zusammenspiel zwischen Maßkonfektionär und Kund:in funktioniert das ohne Einbußen der Ergebnisqualität.

Erwartungen an Kleidung auf Maß:

- exzellente Passform, welche der Erscheinung Eleganz und *gefühlt* Höhe gibt, wir fühlen uns also größer und gewinnen Präsenz
- Bewegungsspielraum, der dem individuellen Bewegungsmuster entspricht
- nach Wunsch Betonung und Ausgleich der Körpersilhouette und Proportionen
- hochwertige Verarbeitung und Details (wie etwa aufknöpfbare Ärmelknopflöcher)
- perfekt „end-gebügelt“ mit glattem Nahtverlauf
- Individualität: ein Unikat, das niemand sonst trägt

Natürlich gibt es noch Ideen, die unsere Kundenerwartung übertreffen würden, wie beispielsweise eine farblich abgestimmte Abdeckung für die Tastatur des Laptops aus dem Anzug- oder Kostümstoff, eine individuelle Handyhülle, das Manteltuch oder den Poncho zum Businesskostüm – alles sinnvolle Nebenprodukte. Aber wir wollen ja nicht zu kühn in unseren Träumen von der maßgeschneiderten Lösung für unseren Stilalltag sein.

Individuell gefertigt – Tipps und Fragen, die das Ergebnis verbessern

- Was brauche ich – und wie kombiniere ich das Neue mit bestehenden Garderobenteilen?
- Welche Schlüsselteile können meine bestehende Garderobe so kombinierbar machen, dass Kofferpacken zur Leichtigkeit wird?
- Zu welchen Gelegenheiten trage ich das neue Teil oder die Kombination?
- Kann ich mich mit dem Stil und Style der Mitarbeiter:innen im Laden meiner Wahl identifizieren? Wenn nicht, sind Enttäuschungen vorprogrammiert ...
- Kann ich den Besuch beim Maßanbieter genießen, sogar zelebrieren?
- Bitte bringen Sie Schuhe und Shirts mit, die Sie zu der gewünschten Kleidung auch tragen werden.
- Wie fein darf der Stoff sein, wenn ich meinen Alltag auf Büro-, Zug- und Flugzeugsitzen verbringe, welche mit robusten, rauen Geweben bespannt sind? Oder wenn ich im Anzug sogar Fahrrad fahren will?
- Welche Details, Verarbeitung und Stoffoberflächen passen zu meinem Typ?
- Passt der Futterstoff zu meinem Bewegungsmuster und Körperklima?
- Mit welchen Zusatzelementen kann ich das *Ensemble* im Dresscode anpassen – etwa von *Business Casual* auf *Business* oder von *Daily Business* auf *Smart*?

- Geht mein:e Berater:in auf diese Fragen ein?
- Nimmt sie oder er sich Zeit, das Ergebnis zu überprüfen und bei Bedarf nachzubessern?
- Brauche ich noch eine zweite oder sogar dritte Hose zum Anzug, was dessen Lebensdauer deutlich verlängert?
- Wie terminiere ich meinen Besuch? Es ist zum Beispiel sinnfrei, Winteranzüge für einen volleren Körper am Ende des Sommers zu beauftragen, wenn dieser noch ein paar Pfund weniger auf die Waage bringt, denn unser Körper nimmt im Herbst meistens etwas zu. Besser, Sie ordern am Ende der Saison, für die Sie die Ware später brauchen werden – also Winterkleidung im März, Sommerkleidung im September. Zwar entspricht das weniger den saisonalen Vorschlägen im Laden, ist dafür aber in Ihrem eigenen Interesse zu Ende gedacht.
- Gestehen Sie Ihrem Maßanbieter und sich selbst (gerade beim ersten Anzug) eine Nachbesserung zu. Es kann sein, dass Sie nach zweimal Tragen noch etwas anpassen lassen möchten oder dass der Stoff ein bestimmtes *Finetuning* verlangt – denn jedes Material benimmt sich anders.
- Haben Sie Zeit für und Lust auf den Termin!

Checkliste für gute Textilverarbeitung

Was kennzeichnet gute Verarbeitung bei Kleidung? Letztlich ist jede:r selbst dafür verantwortlich, wie er oder sie von anderen wahrgenommen werden möchte: Ein besonders angesagtes, aber gleichzeitig schlecht verarbeitetes Teil vermittelt, dass sein:e Träger:in stark beeinflussbar von Moden, Trends und anderen Leuten ist – und jederzeit zum Wechseln bereit. Es verrät aber auch einen unterentwickelten Sinn für Qualität. Beides ist zum Beispiel in Bewerbungsgesprächen keine Empfehlung, und auch Firmen vermitteln einen schlechten Eindruck, wenn sie ihre Mitarbeiter:innen in sichtlich billig verarbeitete Dienstkleidung stecken.

Dagegen wirkt ein Kleidungsstück aus einer vergangenen Dekade, auch wenn es sehr gut verarbeitet ist, verstaubt und unflexibel. Für Sie heißt das also, die goldene Mitte zu finden. Vor einigen Jahren habe ich im Gespräch mit meinen Lieferanten eine Liste erarbeitet, die als Maßstab für gute Textilverarbeitung dient und auch Basis von Qualitätskontrollen ist. Ich habe sie leserfreundlich überarbeitet, sodass Sie damit gute Verarbeitung bei üblicher Konfektionsware an diesen Details erkennen. Vieles aus dieser Checkliste lässt sich bereits beim Ladenkauf prüfen, einiges ergibt sich leider erst nach dem Reinigen.

Stoffe und Flächen

- Bei rechter und linker Stoffseite – sofern erkennbar – ist die rechte außen.
- Reverskrägen liegen flach an und stehen nicht ab.
- Oberstoff und Futter haben keinen Bügelglanz und keine Bügelabdrücke. Dies ist übrigens später auch ein wichtiger Punkt zur Beurteilung der Qualität Ihrer Reinigung! Denn Bügelabdrücke sind nicht revidierbar.

- Die Brusteinlage bei Sakkos und Blazern sollte auch nach mehrmaligem Tragen und Reinigen keine Blasen werfen. Die Klebepunkte dürfen von außen nicht sichtbar sein.
- Futterstoffe mit Viskose geben ein besseres Körperklima als reine Polyesterfutter. Die sind dafür in belasteten Innentaschen ideal, weil haltbarer.
- Am Innenfutter entdecken Sie keine Gewebeschäden, und es hat (bei Jacken) genügend Längen- und Bewegungszugaben am Saum, in der Ärmellänge und der Rückenmitte.
- Die Farbe des Futters ist gleichmäßig.
- Achtung rotes Futter! Diese Farbe blutet besonders gerne aus und hinterlässt schnell Farbflecken auf dem darunter getragenen Hemd / der Bluse, wenn wir transpirieren.

Garne und Nähte

- Die Farbe der verwendeten Garne ist Ton-in-Ton oder aber gewollt in einem Kontraston. Geringe Farbabweichungen wirken eher schludrig als modisch.
- Dichte, dem Material angemessene Stichlängen, die keine der Lagen perforieren. Bei Oberbekleidung wie Jacken und Hosen ist die Stichlänge 3 bis 4 Stiche pro Zentimeter Naht, bei Blusen und Oberhemden 7 bis 10 Stiche pro Zentimeter.
- Einstichstellen sollten am Oberstoff nicht sichtbar sein, sonst waren die Nadeln zu dick.
- Die Nahtzugaben sollten an Längennähten 1 bis 1,5 Zentimeter betragen, in den Reverskanten nur 0,5 Zentimeter.
- Die Nahtzugaben sollten nicht durch Bügelfehler außen sichtbar sein (Achtung Reinigung!)
- Nahtzugaben an Synchronnähten sind jeweils in die gleiche Richtung, also nach vorne oder hinten, gebügelt.
- Ärmeleinsatznähte sind glatt, wellen nicht, und liegen an der Armkugel an.
- Es hängen keine Fadenenden herunter.
- Futternähte sind glatt und kräuseln sich nicht.
- Abnäher wie Brust- und Taillenabnäher sind flach auslaufend und bilden an ihren Enden keine „Tüten“.

- Saumzugaben betragen 4 oder mehr Zentimeter, damit man verlängern kann und der Saum gut fällt.
- Säume sind mit Blindstich fixiert und die Nähte außen nicht sichtbar. Bei Hemden / Blusen sind sie gesteppt.

Einlagen und Zutaten wie Reißverschlüsse

- Reißverschlüsse sind je nach Design farblich abgestimmt oder bewusst kontrastierend und auch nach der Reinigung leichtgängig.
- Haken und Stege sind flach und tragen nicht auf.
- Metallische Zutaten müssen nickelfrei sein.
- Einlagen bei Jacken und Sakkos sind leicht, anschmiegsam und trotzdem formstabil.
- Einlagen wellen sich auch nach vielen Reinigungen nicht und lösen sich nicht vom Oberstoff.

Taschen und Details

- Taschenklappen und Paspeln sind gleichmäßig breit.
- Klappentaschen sitzen gleich hoch, sind gleichmäßig in der Form und weisen konstante und gleiche Rundungswinkel auf.
- Das Stoßband bei Herrenhosen steht einen Millimeter über der fertigen Saumkante.
- Jedes Kleidungsstück muss nach Textilkennzeichnungsgesetz (TKG) korrekte Angaben und Symbole zu Stoffkomposition, Reinigungsempfehlung und Herstellungsland haben.

Knöpfe und Knopflöcher

- Knöpfe sind farblich und stilistisch abgestimmt oder aber gewollt kontrastierend und optisch wertig. Wenn nicht, bitte ersetzen!
- Die Knopfabstände sind gleichmäßig und die Knöpfe auch nach der Reinigung farbecht.
- Ärmelknöpfe bei Herrensakkos berühren sich und stehen sogar leicht übereinander.

- Knöpfe sind mit der Hand angenäht und verbinden Stoff und Knopf zuverlässig, bei Jacken, Sakkos und Mänteln haben sie einen Stiel. Der Faden darf sich nicht mit einem Zug herausziehen lassen.
- 4-Loch-Knöpfe sind möglichst über Kreuz angenäht, etwa bei Herrenhemden.
- 2-Loch-Knöpfe sind in der Richtung des Knopflochs angenäht.
- Knöpfe sind grundsätzlich in einer einheitlichen Richtung angenäht.
- Jacken und Sakkos haben Augenknopflöcher mit Rundung vorne, keine Wäscheknopflöcher.
- Knopflöcher fransen nicht aus, Einlagen sind am Knopfloch nicht sichtbar.
- Die Knopflochgröße passt zum Knopf, sodass sich der Verschluss mit einer Hand öffnen lässt.

Natürlich hat manches auf dieser Liste auch mit der Qualität der Reinigung zu tun, insbesondere die Sichtbarkeit von Nahtzugaben oder die Oberfläche der Brustpartie, wo die Einlage eingebügelt ist. Die Reinigung guter Kleidung ist Chefsache, Sie müssen sich also höchstpersönlich darum kümmern, welcher Reinigung Sie die Teile anvertrauen. Es ist Ihre Entscheidung – nicht die Ihrer Reinigungs-Fee. Eine gute Reinigung bügelt selbst und mit der Hand. So haben Sie bei Beanstandungen auch eine Ansprechperson und bekommen eine Kleiderpflege, welche die Kleidungsstücke erhält statt ruiniert.

Krawatten, Tücher und textile Accessoires

Mit zunehmender *Casualisierung* ist nach der Tuchhose (Stoffhose), die der Jeans zum Sakko gewichen ist, auch diese Bastion der Formalität gefallen. Ein Mann, der heute Krawatte trägt, darf sich schon bald wieder zur Avantgarde zählen. Wir kommen weltweit sogar an den Punkt, wo zahlende Kunden immer mehr in Freizeitkleidung – und das Service-Personal in sogenannter Businesskleidung mit Weste, Tuch und Krawatte anzutreffen ist – wie zum Beispiel in Gastronomie, Hotellerie und Touristik.

Damit wird die Krawatte entgegen ihrer früheren Intention immer mehr zum Symbol für Dienstleistung, sogar bei einem Lebensmittelhändler, der die nach Bäckerei oder Fleischerei anmutenden Kittel seines Personals skurril mit Krawatten bei den Herren und Nickitüchern bei den Damen kombinieren lässt.

Neu ist es allerdings nicht, dass sich ein Erkennungsmerkmal der arbeitenden Bevölkerung – in diesem Fall die bewegungsfreundliche Kleidung der Weltreisenden in Jeans (die ihre einmalige Karriere als Arbeitslatzhose Mitte des 19. Jahrhunderts in den USA begann) oder Jogginghose – zum Nobelsignal mausert. Und als in den *Roaring Twenties* Tennis und Bewegung an frischer Luft generell modern wurden, machte auch die Hautbräune, die bis dahin symptomatisch für Arbeit auf dem Feld war, Karriere als Zeichen des Privilegs derer, die sich Freizeit leisten konnten.

Das Geschäftsleben hat den Binder also weitgehend abgeschafft. Dabei war er an manchen Hälsen echt vorteilhaft ... Das kleinflächige Accessoire war eine der wenigen farblichen und stilistischen Spielwiesen für den individuellen Ausdruck eines Mannes in uniformer Geschäftskleidung und hat unzähligen Manager-Generationen als Statussymbol gedient.

Fehlt es, kann und sollte ein Mann mehr Sinn für modische und wertvolle Anzugstoffe mit neuen Strukturen, interessanten Details und die Kunst der Kombination entwickeln – sonst wird sein Look langweilig.

Die Liebe zum Schlips kann aber keine Erklärung für die Einfallslosigkeit sein, mit der manche Unternehmen die Firmenfarbe in Krawattenform um den Hals ihrer Verkaufsteams winden – und das mit Markenimage verwechseln. Corporate Image lässt sich gekonnter umsetzen, etwa als wiederkehrendes, nicht abnehmbares Detail an individuellen (und bitte gut sitzenden!) Anzügen und Kostümen, also als quasi nicht-uniformierte Uniform.

Um Qualität und Preis bei Fliegen, Krawatten und Tüchern einschätzen zu können, sollten Sie einen kurzen Gedanken an den Stoff verwenden: Die meist mehrfarbigen und irgendwie gemusterten Hingucker erhalten ihr Dessin entweder durch nachträglichen Druck auf eine fertig gewebte Stoff-Fläche oder durch ein gewebtes, nach den dafür nötigen Maschinen benanntes Jacquard-Muster. In der Regel sind Drucke in der Herstellung billiger. Als Materialien kommen hier meist gängige Polyestergewebe, Viskose oder die teurere Seide infrage. Krawatten werden im 45-Grad Winkel zur Kette – der im Webstuhl längs verlaufenden Garnbespannung – zugeschnitten, was den Stoffverbrauch automatisch höher macht, als wenn man rechteckige oder quadratische Schals und Tücher zuschneidet, bei denen es kaum Verschnitt gibt.

Auf dem Weltmarkt wird Seide nach Gewicht bezahlt. Konventionell gewonnene Seide wird dafür mit Chemikalien schwerer gemacht, was allerdings der Qualität schadet. Bio-Seide dagegen kommt unbehandelt auf den Markt, und schon der Anbau der Maulbeerbäume, die das Futter für die Seidenspinnerraupen liefern, muss nach ökologischen Kriterien erfolgen. Die Herstellung von Bio-Seide ist daher viel aufwändiger und weniger ertragreich als die konventioneller Seide. Sie ist außerdem schwieriger zu verarbeiten: Da sie unbehandelt bleibt, ist sie viel weicher und weniger gut in Form zu bringen und zu nähen. Das hat Einfluss auf den Preis der Seidenaccessoires.

In der Serienherstellung ist ein Accessoire aus Seide oder Viskose immer teurer als ein gleiches aus Polyester oder Acryl. Mischgewebe liegen preislich dazwischen, wobei eine Mischung aus Seide und

Kaschmir wieder viel teurer wird. Bei gleichbleibenden Arbeitsgängen zur Herstellung einer Krawatte sind es somit die Garne, die den Endpreis beeinflussen.

Bei Damentüchern und Herren-Einstecktüchern ist zudem die Saumverarbeitung interessant: Was so perfekt und gleichmäßig aussieht, sind Maschinensäume, an die sich unser Auge zwar gewöhnt hat – viel charmanter dagegen (und auch hochwertiger) sind handgerollte und von Hand umgenähte Säume, die ein ungleichmäßigeres Warenbild ergeben und sich von der Sterilität rein maschinell gefertigter Industrieware abheben. Auffällig ist, dass gerade diese schlichten, kleinen Accessoires – oft maschinengesäumt und aus günstigem Polyester-Stoff – in der Relation zum Produktwert erstaunliche Preise erzielen, weil sie insgesamt keine hohe Ausgabe darstellen, die Mann scheuen würde. Wer es ganz individuell liebt, wird seine Einstecktücher beim Maßschneider gleich mitsäumen lassen – zum Beispiel aus einem edlen, harmonierenden Futterstoff – oder sich in einen Stoffladen begeben, um Stoffe für schicke Unikate vom Lieblings-Änderungsschneider säumen zu lassen. Das kostet so viel oder so wenig wie Serienware, ist aber unendlich stilvoller. Im Übrigen braucht ein Mann (oder eine Frau) nicht perfekt zu sein, um zu inspirieren – im Gegenteil: Die Italienische „Sprezzatura" beschreibt die Lässigkeit, die von der Kunst des Unperfekten ausgeht und einem wahren Sartorialisten *Nonchalance* und einen Hauch augenzwinkernder Überheblichkeit verleiht.

Schleifen (Fliegen) gibt es in stumpfer und spitzer Form, welche ähnlich beliebt sind. Bei der stumpfen Form sind alle vier Flügel der Schleife stumpf, also ohne Spitze, bei der spitzen ist einer der zwei vorderen Flügel stumpf, der andere spitz. Der Flügel darunter ist konträr zu dem darüber liegenden genäht, es liegt also spitz auf stumpf und stumpf auf spitz auf.

Zurück zur Krawatte. Ist sie nun tot? Wie jede Bewegung, hat auch die zunehmende Lässigkeit eine Gegenbewegung. Gerade junge, männliche Verbraucher wenden sich wieder vermehrt dem gehobenen Kleiderstil zu und kultivieren den Gentleman-Status, der auch die manchmal kauzig wirkende Fliege wiederbelebt. Dabei verlangt der gestiegene Anspruch an eine höhere Individualität mehr Details in der Ausführung und auch verschiedene Längenmaße – damit auch ein hochgewachsener Gentleman noch einen vollen Knoten binden kann. Und auch manche Frau hat die Krawatte bereits als augenzwinkerndes Accessoire für ihren Businesslook entdeckt. So wird die Krawatte weiterhin leben, und *Freaks* werden Wert auf ihre Qualität und Originalität legen. Denn die Kriterien sind gerade bei diesen verflixten Accessoires eine Wissenschaft für sich:

Erwartungen an textile Accessoires:

- modische Farben, Stoffe und Dessins
- schöner Oberflächenglanz und angenehmer Griff
- leicht zu binden / falten / knoten
- eine hochwertige Warenoptik
- mitgelieferte Falt- und Bindetechniken
- das gewisse, unverwechselbare Etwas

- Material: Bei Krawatten und Fliegen ist Seide die beste Wahl – Kunstfasern wie Polyester, Acetat und Ähnliches weisen schon per se auf eine mindere Qualität hin.

- Die Krawatte sollte senkrecht hängen und sich dabei nicht verdrehen.

- Attribute wie *knitterfrei, bügelleicht* oder *fleckabweisend* lassen sich nur durch eine Behandlung mit Chemikalien erreichen, die der Seide schaden – aber auch für unsere Haut nicht immer gut sind.

- Accessoires aus Seide sollten sich immer weich und geschmeidig anfühlen, nicht wie ein Brett.

- Für Umweltbewusste sind Muster bevorzugt eingewebt, da aufgedruckte nur nach chemischer Behandlung des Stoffs aufgebracht werden können. Auch bei unifarbenen Accessoires sollten ungiftige, gesundheitlich unbedenkliche und hochwertige Farben verwendet und deklariert werden. Allerdings ist der Seidendruck etablierte Tradition in der Italienischen Gentleman-Kultur.

- Eine besonders edle und teure Krawatte ist handgenäht, sichtbar an der Naht auf der Rückseite. Hebt man diese leicht an, sind die handgenähten Stiche zu sehen, die locker sitzen und der Naht Spiel lassen, damit der Faden beim Knoten der Krawatte nicht reißt. Manchmal schaut auch das Fadenende auf der Rückseite der Krawattenspitze etwas heraus, was als Qualitätsmerkmal zu werten ist, da der Faden bei handgenähten Krawatten nicht verknotet wird.

- Die Krawatte weist symmetrische Spitzen auf und ist innen mit einem Futterstoff verstärkt, der nicht deklariert werden muss, als Qualitätsmerkmal aber gekennzeichnet sein kann.

- Es gibt extra kurze beziehungsweise lange Krawatten, die bei verschiedenen Körperhöhen schön binden.

- Binden sollten Sie in aufrechter Haltung und sichergehen, dass die Spitze der Krawatte bis Gürtelhöhe reicht, nicht länger und nicht kürzer endet.

- Die Krawatte selbst zu binden ist Ehrensache – außer für Sicherheitsdienstleister, Bus- und Taxifahrer, Zugbegleiter, Polizisten und Beamte im Strafvollzug: Diese müssen aus Sicherheitsgründen eine vorgefertigt gebundene tragen, deren Verschluss sich löst, wenn man angegriffen wird. Gummizug oder Clip-Krawatten verhindern nämlich, dass der Träger gewürgt wird.

- Fliege: Lieber schön vorgebunden als lausig selbst gebunden... Die in der Branche manchmal als „Zementpropeller" verschrienen vorgebundenen Fliegen sind meist starrer im Griff und größenverstellbar. Bei seltenem Gebrauch ist diese Ausführung definitiv nervenschonender. Verschluss- und Verstellsystem sollten bevorzugt aus Metall, nicht aus Plastik sein. Einteilige Fliegen, die bei jedem Tragen neu gebunden werden müssen, haben mehr Stil, verlangen aber Übung, sonst sitzen sie nicht. Vorteil des Selbstbindens: Im Moment des Bindens der Schleife verbindet man sich mit dem bevorstehenden besonderen Ereignis und bindet sozusagen positive Gedanken mit ein. Je nachgiebiger das Material ist, desto besser gelingt das Binden – und desto wohler fühlen sich Träger oder Trägerin.

- Hochwertige Einstecktücher (aus Satin) und sonstige Seidentücher (auch aus leichteren Seidenarten wie *Habotai* oder *Ponge*) sind handrolliert und nicht an der Maschine gesäumt. Mit dem Pinsel bemalte Kunstwerke sollten licht- und waschechte ungiftige Farben verwenden.

- Waschen Sie am besten nur mit speziellen Seidenwaschmitteln, wobei auch Farbe ausbluten kann – das ist kein Reklamationsgrund. Der Etikett-Hinweis auf ausschließlich chemische Reinigung deutet auf minderwertige Qualität hin.

- Berufsbekleidung, die täglich strapaziert wird, kann mit der robusten Polyester-Ausführung bedient werden – in der Politik, für Messen und im Außendienst sind der natürliche Glanz und die Haptik der Seide allerdings besser.

- Seidentücher bitte nur gelegentlich lauwarm und mit gleichen Farben sowie mit dafür geeigneten Seidenwaschmitteln (statt Haarshampoo oder Seife) waschen: Die Eiweißfaser wird sonst brüchig und stumpf. Als Naturfaser hat sie selbstreinigende Eigenschaften. Die Ware darf nicht lange im Wasser liegen und muss danach ohne Auswringen tropfnass und ohne Sonneneinstrahlung aufgehängt werden. Bügeln bitte noch im feuchten Zustand auf Stufe 2-3. Aufbewahrung am besten hängend.

- Nachhaltigkeit hat bei textilen Accessoires überwiegend mit dem Verschnitt, den Reststoffen zu tun. Diese werden gelegentlich für kleine Zusatzprodukte wie einen *Passantino* (die Schlaufe auf der Rückseite der Krawatte) verwendet. Die Breite von Seidentüchern sollte in der Produktion auf die Stoffbreite abgestimmt werden.

Unterwäsche für Männer und Frauen

Doppelripp war gestern. Im Zuge der Präsenz von Nacktheit, sobald wir uns in der Öffentlichkeit umschauen – vor 60 Jahren noch undenkbar –, hat auch die Unterwäsche Karriere gemacht. Heute folgt die Funktion der Form – nicht mehr umgekehrt. Wir kaufen uns also oft ein Teil, weil es schick aussieht, und überlegen uns erst hinterher, wozu wir es tragen wollen.

Und spätestens, seitdem Jugendliche den Hosenbund unterhalb der Hüftknochen trugen, spielte es durchaus eine Rolle, was darunter zu sehen ist: Der Markenname wird zum Statement, das den Träger Teil der Heldensage werden lässt, welche die Werbung erzählt. Wenn es sich um eine gute Marke handelt, ist das auch in Ordnung so: Ein gutes Produkt darf seine Herkunft zeigen, warum auch nicht?

Im Irgendwo zwischen Miederhöschen, Reizwäsche und der totalen BH-Verweigerung der Blumenkinder von Woodstock ist also auch die Wäsche zur Imagefrage geworden. Allerdings vergessen manche darüber das eigene Image, das leidet, wenn das Darunter zum Darüber nicht passt. Denn viele haben die Kunst der richtigen Auswahl verlernt.

Gut gewählte Wäsche entspricht dem Helligkeitsgrad der Kleidung darüber, hat eine exzellente Passform, ist bei Bedarf leicht formgebend, aber niemals abzeichnend, wahrt ein gutes Körperklima und sorgt durch eine subtile, nur ihrem Träger bekannte Erotik für Selbstbewusstsein und eine gute Körperhaltung. Nicht mehr und nicht weniger. Wenn also beispielsweise ein Mann stark schwitzt, trägt er im Interesse seines Körperklimas Wäsche aus einem Material mit hohem Feuchtigkeitsaufnahmevermögen – meist Baumwolle. Trend-Label hin oder her. Wenn eine Frau eine schmale Jeans trägt, achtet sie auf einen nahtlos verarbeiteten Slip oder String, damit auch garantiert nichts einschneidet und die Körperkontur stören kann. Dessous-Label hin oder her.

Unter seinem Herrenoberhemd bevorzugt ein stilvoller Mann heute einen V-Ausschnitt, unter einem weißen Popeline unbedingt in Hautfarbe. Denn das „Drunterhemd“, wie es bei der Marke mey genannt wird, ist nicht etwa Teil eines Twin-Sets – sondern soll lediglich der Funktion und damit dem Wohlbefinden folgen und *nicht* sichtbar werden.

Auch bei der *Lingerie*, wie es in Frankreich und der Schweiz so schön heißt, steht die Frage nach dem gewünschten Effekt immer noch vor dem Reiz, wenn wir wirklich smart einkaufen wollen. Denn attraktiv aussehende Unterwäsche sorgt noch lange nicht für eine attraktive Erscheinung – das gilt für Unterwäsche mehr als für irgendeine andere Bekleidungsart. Der obligate hautfarbene und unterfütterte BH mag solo nicht gerade sexy aussehen, unter einer hauchdünnen hellen Seidenbluse aber ist er der einzige, der seiner Trägerin Würde verleiht – wogegen der mit Spitzen und Blümchen versetzte Bruder eher nach Betriebsunfall aussieht.

Eine gepflegte Frau braucht beides: Die strategisch richtige und die schöne Wäsche. Und auch bei Männern haben wir nichts dagegen, wenn sie sitzt und die Vorzüge betont, zum Beispiel einen trainierten Po. Da wir schon bei hauchfeinen Materialien oder auch der beliebten Stretch-Ware sind, stellt sich für Damen allen voran diese Frage: Wie sollte ein Büstenhalter sitzen?

Denn die Eleganz einer Frau steht und fällt mit dem Sitz und der Passform ihres BHs. Viele wählen nämlich das Körbchen zu klein und die Unterbrustweite zu groß. Diese sollte beim Anlegen des Maßbands eng gemessen werden, weil das Material bei längerem Tragen noch nachgibt und die Unterbrustweite auch dann noch parallel und auf der Höhe der Mitte des Oberarms sitzen sollte. Beim Kauf sollten Sie bei einem verstellbaren Verschluss daher die mittlere Einstellung wählen, damit Sie den BH bei Nachgeben des Materials enger und zum Beispiel bei hohen Außentemperaturen, wenn die Haut empfindlicher ist, etwas weiter stellen können.

Das Körbchen sollte dagegen genug Raum bieten, damit das empfindliche Brustgewebe nicht gedrückt wird und auch vorne garantiert nicht einschneidet. Das verdirbt sonst die Linie des Dekolletés. Achten Sie außerdem auf die richtige Form des Büstenhalters, die der Form der Brüste entsprechen sollte. Spitz oder runder?

Weit auseinander oder engstehend? Gepolstert oder Hebe-BH? Das alles ist letztlich eine Frage des Wohlbefindens, der eigenen Anatomie, des persönlichen Geschmacks, des Budgets und der Beratung. Gerade große Frauen (und davon gibt es immer mehr) haben entsprechend dem weiteren Brustkorb meist weiter auseinander sitzende Brüste und können eng geschnittene Modelle nicht tragen. Und hier kommt die Marke dann doch wieder ins Spiel: Ein Hersteller, der passformgetreu arbeitet und die Maße nicht verändert, hat zumindest unter den Stilanhängern seine treue Kundschaft.

Ein BH besteht aus bis zu 40 Einzelteilen, die nach einer genau festgelegten Reihenfolge zusammengeführt werden, was sehr viel Know-how und Fingerspitzengefühl im Produktionsprozess erfordert. Außerdem verlangen die einzelnen Arbeitsschritte eine große Genauigkeit und Präzision, was nicht zuletzt hohe Ansprüche an die Personalauswahl im jeweiligen Unternehmen stellt: Gute Näher:innen zu finden, ist mindestens genauso schwierig wie gute Designer:innen!

Ein Tipp für die Reise, wo beim Gepäck ja meistens weniger mehr ist: Definieren Sie auch bei der Wäsche Ihre ganz persönliche *Survival*-Grundausstattung, die unter Ihre *gesamte* Garderobe passt. So kommen Sie nie in Verlegenheit, auch nicht durch spontanes Urlaubs-Shopping. Im Fall des BHs können das etwa jeweils ein gutsitzendes, unverziertes Modell in Schwarz und in Hautfarbe sein, mit abnehmbaren Trägern, sofern die Brust nicht zu schwer ist, die jeden Ausschnitt erlauben und bei denen auch bei plötzlichem Temperaturwechsel – beispielsweise beim Betreten eines unterkühlten Supermarktes in südeuropäischen Ländern – garantiert nichts durchschimmert. Und auch wenn Sie bei einer bestimmten Reise meinen, den schwarzen BH nicht zu brauchen: Nehmen Sie ihn mit!

Wer stilvoll einkaufen will, plant dafür bei Wäsche genügend Zeit ein und probiert sie nicht nur einfach so auf dem Körper an, sondern zieht auch das eine oder andere heikle Kleidungsstück aus dem eigenen Kleiderschrank darüber, um die Wirkung und die Silhouette – auch von hinten! – gründlich zu prüfen. Das können zum Beispiel die erwähnte helle Seidenbluse, die knackige Hose oder ein eng sitzendes Kleid sein, die keine Slipkante darunter dulden.

Als Anlaufstelle gibt es neben ausgesuchten Wäschegeschäften immer wieder Kaufhausabteilungen, die eine riesige Auswahl und eine rare, oft aber sehr gute Beratung bieten. Dort findet man mit etwas Glück die bald aussterbende *Perle* in der Wäscheberatung, die ihren Job liebt – und nicht nur einer Marke verschrieben ist, sondern von jung bis reif schon alle Körperkonturen mit Wäsche der verschiedensten und jeweils passenden Marken eingekleidet hat.

Das Preisgefüge in dieser Warengruppe erklärt sich schon allein durch den Entwicklungsaufwand der Teile, denn der Stoffverbrauch ist ja hier nicht gerade groß. Gut sitzende BH-Modelle zu entwickeln, ist buchstäblich Spitzenarbeit und mit einem hohen Aufwand verbunden. Außerdem ist ihre Herstellung aufgrund der Kleinteile anspruchsvoll und durch die vielen Arbeitsschritte fehleranfällig – anders als bei einem quasi nahtlosen Etwas mit lediglich zwei Nähten. Und gerade, wo Stoff direkt auf der Haut liegt, geht die Frage nach dem Ursprung der textilen Fasern, ihrer Hautverträglichkeit und ihrer Qualität buchstäblich an die Wäsche.

Qualität bei Naturfasern hat auch mit ihrer sogenannten Stapellänge zu tun, denn je länger die einzelne, oft hauchfeine Faser ist, desto besser wird sie beim Verzwirnen (Verdrehen) mit anderen verbunden – und desto stabiler ist das Garn. Und auch glatter, denn es stehen keine Kurzfasern ab, welche die angenehme Glätte hautsamtigseidiger Gewebe stören könnte. Bei Baumwolle sind es die vollreifen Fasern, die wie dicke Wattebüschel aus den Kapseln hervorquellen, welche beste Qualität gewährleisten. Das wirkt sich automatisch auf den Preis aus: Auch bei Wäsche gilt, dass billig am Ende zu teuer ist.

Handgepflückte Baumwolle muss nicht – wie bei der maschinellen Ernte – am Strauch mit chemischen Entlaubungsmitteln behandelt werden. Das Garn wird später in der Strickerei weiterverarbeitet und als Stoff vorgeschrumpft, sodass von 100 Metern Stoff am Ende nur noch 90 Meter tatsächlich weiterverarbeitet und zugeschnitten werden. Diesen Prozess nennt man „Kalandern". Derart hochwertige Produkte laufen dadurch in der Wäsche zuhause nicht mehr ein – ganz anders als viele preisgünstige Produkte.

Von Unterwäsche erwarten wir also eine ganze Menge:

- die für uns individuell perfekte Passform
- hautsympathische Fasern aus unbedenklicher Herstellung
- leicht zu waschen
- Formstabilität ohne Einlaufen, auch bei vielen Waschzyklen
- sie darf niemals abzeichnen
- Wohlbefinden und ein verbessertes Körpergefühl / eine optimierte Körpersilhouette
- Trends und *Sexiness*

Die Hinweise zum Kauf von Unterwäsche entstanden im Dialog mit dem Geschäftsführenden Gesellschafter Matthias Mey der mey Unternehmensgruppe, die sich schon lange für nachhaltige Produktion und transparente Abläufe einsetzt. So hat das Unternehmen einen Großteil seiner Produktserien entsprechend zertifizieren lassen und erstellt für alle Produktionsstandorte eine regelmäßige CO_2-Bilanz. Hier wird *Marke* noch immer mit einem Qualitätsbegriff gleichgesetzt, der nie infrage stehen darf. Wir als Kund:innen sollen sicher sein, was wir für unser Geld erhalten und Vertrauen entwickeln. Dazu gehören, erzählt er, eine ressourcenschonende und umweltfreundliche Produktion genauso wie Arbeitsprozesse unter höchsten Sicherheitsaspekten, Verbraucherschutz durch Ausschluss problematischer Stoffe sowie Gewässerschutz.

Bei unserem Kennenlernen für das Interview erzählte er mir diese Geschichte: Die Plastik-Kleiderbügel, auf denen Hängeware wie Unterhemden an die Handelspartner geliefert wird, können per Abholauftrag wieder an mey zurückgeschickt werden und wandern weiter in eine Behindertenwerkstatt, wo sie neu sortiert und für den Verpackungsablauf vorbereitet werden, um wieder neue Teile in die Welt und zum Kunden zu transportieren. Auf diese Weise sind einzelne Bügel viele Jahre im Kreislauf unterwegs. „Der Schwäbische Bumerang", wie der Bügelzyklus seit Ende der 90er-Jahre auch heißt, ist damit ein klassisches Beispiel dafür, wie simpel es sein kann, den Nachhaltigkeitsgedanken konsequent zu Ende zu denken.

Über Lingerie unterhalte ich mich auch regelmäßig mit Claudia Specht, deren Label *Tüll & Spitze* Damen-Lingerie in Einzelanfertigung individuell auf den Leib formt – Büstenhalter, Slips, Bodies und auch Hemden mit einem eigenen Schnitt nach Maß. In ihrem Mailfooter begegnet man diesen Worten der für Zitate so gerne herangezogenen Coco Chanel: „Kleider machen Leute, aber die Unterwäsche macht den Menschen." Claudia bietet Dessous-Nähkurse sowie alle dafür benötigten Materialien an und bedient damit den durch Corona beflügelten Trend der Fertigung an der eigenen Nähmaschine.

- Gehen Sie zum Wäscheeinkauf an einem Tag, an dem Sie sich gut fühlen und bringen Sie heikle Oberbekleidung wie etwa die hauchfeine Seidenbluse oder die enge Hose gleich mit, unter der Sie die Neuerwerbung tragen wollen.

- Slips und Hemden lassen sich online bestellen, wenn die Größe bekannt ist – nicht aber ein BH als Neukauf: Dieser muss sitzen und im Profil eine schöne Linie geben. Ein Bügel begrenzt die Brust auch seitlich.

- Ein Online-Nachkauf bei einem Anbieter unseres Vertrauens ist auch bei BHs unbedenklich.

- Bei Online-Käufen ziehen Sie bitte die Größenberater zu Hilfe und mogeln Sie nicht beim eigenhändigen Maßnehmen. Der Verschluss darf später zwischen den Schulterblättern nicht hochrutschen, sonst wurde die Unterbrustweite zu groß gewählt oder gemessen.

- Verarbeitung: Eine hohe Stichdichte von 6,5 bis zu 13 Stichen (Firma mey) pro Zentimeter in den Quernähten sorgt dafür, dass diese auch unter hoher Dehnung stabil sind.

- Qualität: Auch nach mehrfachem Tragen und Waschen sollte die Wäsche in Form bleiben.

- Passform: Sie ist das Ergebnis eines guten Zusammenspiels zwischen Schnitt, Material, Zutaten wie Verschlüssen und Verarbeitung. Hier dürfen wir keine Kompromisse machen.

- Bei BHs mit abnehmbaren Trägern ist es stilvoller, die Längenverstellung des Trägers nach vorne in die Schlüsselbeinkuhle zu legen anstatt für alle sichtbar auf das ohnehin schon erhabene Schulterblatt.

- Umwelt: Materialien und Zutaten, die Sie direkt auf Ihre Haut lassen, sollten schadstofffrei sein.

- Extra-Tipp für ein schönes Dekolleté: Im Laufe der Jahre entwickeln sich durch nächtliches Seitenliegen gerade bei einer volleren Brust Längsfalten im Dekolleté. Diese lassen sich mildern beziehungsweise länger vermeiden, wenn Sie auch nachts einen BH tragen – dann ohne Bügel. Ein entsprechend stilvolles Modell lässt Sie auch im Dunkeln noch gut aussehen ...

Hochwertige Stoffe

Qualität hat – scheinbar – etwas Geheimnisvolles. So jedenfalls geht es Laien in der Beurteilung von Stoffen, über deren Beschaffenheit die wenigsten heute noch etwas wissen. Dabei gibt es fühlbare subjektive und klar messbare objektive Qualitätskriterien, die wir zugrunde legen können. Mit den subjektiven ist es ein bisschen wie mit der Kunst: Wenn mir ein Kunstwerk gefällt, ist es für mich Kunst.

Werfen wir einen Blick über den Tellerrand, wird klar, dass die Langlebigkeit von textilen Geweben, und damit ihr ökologischer Nutzwert, in der Schnelllebigkeit des Modemarktes zwar keine Rolle spielt – sehr wohl aber (wie beschrieben) in der Einkleidung von Firmenmitarbeitern. Subjektiv orientieren wir uns an Kriterien wie Weichheit, Tragegefühl und der vermuteten Hochwertigkeit von Stoffen, wobei ein softer Griff meist mit Qualität verwechselt wird. Diese Eigenschaften wie Weichheit oder ein matter Glanz liefern allerdings noch keine Aussage über die Hautverträglichkeit, die Haltbarkeit des Materials oder die Umweltverträglichkeit der chemischen Stoffe, die diese Eigenschaften herstellen. Das Labor sieht das anders. Objektiv misst sich die Qualität von Stoffen nämlich anhand nachweisbarer Werte, die für uns Kunden ohne die technischen Datenblätter der Auswertung nicht greifbar sind. Dafür können wir aber den Stoff erfühlen, dem Etikett Aufmerksamkeit schenken und es zu lesen lernen. Dabei helfen die im Kapitel über Textilpflege beschriebenen Grundkenntnisse über die Haupteigenschaften von Fasern, aus denen Stoffe entstehen. In früheren Zeiten war dieses Wissen Teil der Ausbildung, um einen Haushalt führen zu können. Heute ist jede:r selbst dafür verantwortlich, sich dieses Wissen anzueignen – und sollte es auch für sich nutzen.

Komposition: Sie beschreibt das prozentuale Verhältnis der verwendeten Materialien und muss laut Gesetz auf dem Textilkennzeichnungs-Etikett angegeben sein. Die Grundfasern sagen uns, welche Trageeigenschaften ein Kleidungsstück hat und wie es gepflegt werden will.

Warengewicht: Wenn das Gewicht des Stoffes mit dem Einsatzgebiet des Kleidungsstücks und seiner Oberfläche harmoniert, empfinden wir das Ergebnis als hochwertig. Ein Sommerkleid aus zu schwerem Stoff dagegen wirkt seltsam, eine knappe Bolero-Jacke aus zu dickem Stoff klobig und ein großflächiger Mantel aus zu leichtem oder lose gewebtem Stoff lappig und formlos. Da Sie das Warengewicht nicht kennen, vertrauen Sie bitte Ihrem Urteilsvermögen. Manche Anbieter für Maßkleidung geben es bei ihrem Sortiment mit an, darum hier die grobe Klassifizierung für Anzug- und Kostümstoffe, wobei diese in Laufmetern angegeben werden: Ein Webstuhl hat eine Breite von 150 cm und auf diese bezieht sich die Gewichtsangabe. Inzwischen werden auch ultrafeine Gewebe, welche früher nur für Sommerwaren verwendet wurden, ganzjährig angeboten, sodass Sie hier eine Überschneidung feststellen werden:

- bis 280 Gramm pro Laufmeter Stoff: **Sommerstoffe**
- 220 bis 330 Gramm pro Laufmeter Stoff: **Ganzjahresware**
- ab 330 Gramm pro Laufmeter Stoff: **Winterware oder formelle Uniformware**

Knittererholung: Auch hierfür gibt es technische Werte. Am besten, Sie halten den Stoff einen Moment in der warmen Hand und beobachten, wie er anschließend zurückspringt und sich von selbst wieder glättet. Das geht bei Anzugärmeln genauso wie bei noch nicht verarbeiteten Stoffen. Wer viel reist, kann mit stark knitteranfälligen Geweben nichts anfangen, sie kosten die gepflegte Erscheinung und damit das Image.

An dieser Stelle möchte ich auch mit einem lange gepflegten Mythos aufräumen: „Einen verknitterten Anzug aus dem Koffer soll man ins Bad hängen und die Dusche aufdrehen." Diese Empfehlung stammt aus der Zeit, als für Anzüge und Kostüme ausschließlich Schurwoll-Stoffe verwendet wurden und ergab damals Sinn, da Wolle eine Faser mit hohem Feuchtigkeitsaufnahmevermögen ist und entsprechend gut reagiert. Entwicklung und Fortschritt zeigen sich aber bei kaum etwas deutlicher und greifbarer als in der Entwicklung der Textiltechnologie: In Zeiten von Mischgeweben und synthetischen Fasern nämlich mutiert die Aussage zum Märchen. Ganz abgesehen vom Wasser-Fußabdruck ... Synthetische Gewebe interessieren sich nämlich wenig für die Einwirkung von Dampf und hängen sich darin auch nicht aus. Es kommt also darauf an, welche Materialkomposition Ihr Anzug aufweist und ob Sie knitterarm gepackt haben, was eine eigene Technik verlangt.

Scheuerresistenz: Sie benennt die Anfälligkeit für Durchscheuern an Sitz- und Auflageflächen wie Ellenbogen oder der Auflagefläche der Handtasche in Hüfthöhe. Auch die Angewohnheit, die Knie unter das Lenkrad zu klemmen, sieht man Ihrer Hose bei entsprechendem Material leicht an. Wenn Sie das Etikett gelesen haben, kennen Sie die Komposition: Grundsätzlich sind reine Wollstoffe, wenn sie noch dazu aus feinen – also dünnen – Garnen sind, anfälliger. Die „Super"-Angaben beschreiben die Feinheit des Garnes: Wiegen 100 Laufmeter des Garnes 1 Gramm, haben wir ein Super 100er Garn, bei 120 Laufmetern auf das gleiche Gewicht ein Super 120er Garn, welches entsprechend feiner und scheueranfälliger ist.

Pilling: Die ungeliebten kleinen Kügelchen, die sich bei Wolle und vielen synthetischen Fasern an Reibflächen bilden, lassen den Look ungepflegt aussehen. Pillende Ware gehört daher unter genaue Beobachtung bei jeder Reinigung oder Wäsche. Die Kügelchen zupfen Sie bitte nicht, sondern schneiden sie ab, weil jedes Zupfen neue Fasern abstehen lässt, die sich wieder zu Kügelchen pillen, also verdrehen könnten.

Man sieht Ihnen an, wie Sie mit Ihrer Kleidung umgehen! *Best Dressed People* sind nicht Menschen, die den neuesten Mode-Hype mitmachen, sondern die wenigen Stilvorbilder, die ihre Persönlichkeit einzigartig und authentisch inszenieren – und deren Kleidung etwas Edles hat, was ursächlich mit den Tragegewohnheiten zu tun hat. Die wunderbare Jil Sander soll einmal gesagt haben, dass Kleidung Energie gibt. Das tut sie aber nur, wenn der Stoff selbst noch nicht ermüdet, sondern durch gute Behandlung irgendwie frisch ist – so wie uns auch nur gute Nahrung Kraft geben kann. Dann ist auch unsere Ausstrahlung lebendig. Schlaffe Gewebe und Gewirke dagegen tun kaum etwas für eine dynamische Aura.

Hier ein paar Hinweise für den schonenden und dadurch nachhaltigen Umgang mit Ihrer Kleidung, die nicht auf die Pflege – sondern auf das Tragen von Textilien eingehen:

- Behandeln Sie Textilien wie einen Freund, der Ihnen nahesteht – und gerade deshalb Wertschätzung und auch einmal eine Pause braucht. Kleidung (und auch Schuhe!) wollen deshalb zwischendurch ruhen und sich erholen.

- Ihre Bewegungsgewohnheiten bestimmen den Verschleiß maßgeblich mit. Ein feiner Wollstoff ist keine robuste *Workwear!* Sitzen auf rauen Steinen, aufgestützte Ellenbogen etc. nimmt ein feiner und dünner Stoff übel.

- So altbacken es klingt: Das Anheben der Hosenbeine vor dem Hinsetzen verlängert die Lebensdauer Ihrer Stoffhose, weil der Stoff an den Knien nicht überdehnt wird. Wenn die Hose so eng – weil aus Stretch – ist wie manche modische Herrenhose, dürfen Sie sich nicht wundern, wenn sie schnell unansehnlich wird. Durch Körperwärme und Belastung steht das Gewebe dann nämlich unter Dauerstress. Die schmale Röhre hat zudem noch einen weiteren, stilistischen Nachteil: Sie zwingt dazu, das Hosenbein beim Aufstehen bückend herunterzuschieben, wenn es an der Wade hängen bleibt – oder mit dem Fuß aufzustampfen. Beides ist weder cool noch elegant.

- Kosmetika und Parfüms sind genauso wenig etwas für ein textiles Gewebe wie Unwetter. So wie ein Wolle lieferndes Tier bei Regen instinktiv Schutz sucht, hat auch Ihre Kleidung Schutz vor zivilen Errungenschaften verdient: Haarspray zum Beispiel. Es gehört auf die Frisur, nicht auf die Stoffe. Deshalb gilt auch im Web 4.0-Zeitalter: Erst frisieren und parfümieren – dann anziehen.

- Verzichten Sie auf den Wäschetrockner – wenn Sie nicht gerade eine Großfamilie mit Unmengen an Handtüchern und Bettwäsche haben. Die hohen Temperaturen bei gleichzeitiger Bewegung lassen die Fasern schneller verschleißen und abflusen. Viele

Gewebe gehen ein, und insbesondere Synthetikfasern vertragen die hohen Temperaturen überhaupt nicht, zum Beispiel – Sie ahnen es – Ihre Lieblings-Jeans mit Elastan.

- Der unterste Knopf von Herrenwesten und kurzen Damenjacken wird im Sitzen geöffnet, damit nicht Gürtelschnallen von innen gegenscheuern und das Kleidungsstück nicht nach oben staucht. Aus diesem Grund werden auch Herrensakkos im Sitzen geöffnet.

- Stopfen Sie Taschen und Innentaschen bitte nicht voll. Es verschleißt den Stoff und verdirbt die Figur.

Der allgegenwärtige Krisenmodus hat auch die Notwendigkeiten und mit ihnen die Budgets verändert, wie in Gesprächen zum Beispiel auf der Stoffmesse seit Jahren zu hören ist. Offenbar bewegt das viele Modelabels dazu, die Vielfalt der Stoffe ihrer Kollektionen zu reduzieren, um mit weniger Artikeln höhere Bestellmengen – und niedrigere Preise – zu erzielen. Die Idee des „Einer für alle"-Stoffes ist geboren. Vielleicht ist das aber auch nicht mehr so tragisch – wenn wir unsere teuren Teile im Interesse einer langen Verweildauer in unserem Schrank ohnehin öfter mal mit neuem Innenfutter oder neuen Knöpfen versehen wollen. Dann machen Zutatenhersteller auf einmal den Look!

Glücklich machende Tuche: Erwartungen an Stoffe
- klassische, modische oder trendige Warenoptik – je nach Einsatzgebiet
- Verwendung unbedenklicher Farben, chemischer Ausstattung und Ausrüstung
- der Faser entsprechend optimale Trageeigenschaften
- der Faser entsprechend optimale Pflegeeigenschaften
- lange Haltbarkeit (z.B. bei Corporate Fashion)
- immer mehr: Bequemlichkeit durch Elastizität

Es gibt Verfechter, die allein Naturfasern als nachhaltig gelten lassen. Das allerdings ist psychologisch nicht zielführend: Ein Kleidungsstück, in dem wir uns nicht wohlfühlen, weil es unsere Bewegungsmöglichkeiten eingrenzt, kann niemals ein Lieblingsteil werden, das wir lange behalten.

Durch den Vormarsch von Elastan, welches zu mindestens 85 % aus Polyurethan und demnach – vereinfacht gesprochen – aus Erdöl gewonnen wird, haben wir uns an weitgehende Bewegungsfreiheit gewöhnt. Hoodie und Homeoffice taten ihr Übriges. Hinzu kommt, dass synthetische Anteile der Oberbekleidung Stabilität und eine bessere Scheuerresistenz geben, sie also haltbarer machen.

Synthetische Fasern sind aus unserem Alltag nicht mehr wegzudenken. Entscheidend ist, dass wir sie nicht gedankenlos als günstige Wegwerf-Waren konsumieren, sondern ebenfalls als Ressource in einem Kreislauf verstehen, der umso nachhaltiger wird, je länger er dauert.

Vollsynthetische Oberflächen verführen allerdings auch zum „Non-Finish“, wenn ihre Nahtzugaben heiß geschnitten statt versäubert werden. Was also für nahtlose Verarbeitung von Unterwäsche durchaus erwünscht ist, kann in der stilistischen Aussage bei Oberbekleidung auch schnell etwas Unfertiges, sogar Dürftiges ausstrahlen. Gut für die Herstellung, wo Arbeitsschritte gespart werden – schlecht für unser Image.

In der Maschinenwäsche sind synthetische Filamente bedenklich, da sie sich ablösen und als Mikropartikel in unserem Wasserkreislauf landen. Ihre Beimischung zu körperfern getragenen Geweben ist daher umweltverträglicher als bei hautnahen Stoffen – allerdings sollten auch erstere erst gewaschen werden, wenn es wirklich notwendig ist. Laut einer Information des Weltfriedensdienstes e.V. (wfd.de) gelangt das meiste Mikroplastik übrigens durch den Autoverkehr in unsere Umwelt: 100 000 bis 150 000 Tonnen pro Jahr seien es allein in Deutschland, die als Abrieb von Autoreifen im Straßengraben landen und von dort in unsere Bäche, Flüsse und Meere gelangen.

Im Zusammenhang mit Textilien und auch Kosmetika taucht immer wieder der Begriff *Azofarbstoffe* auf: Er kennzeichnet chemische Farbstoffe, die als krebserregend eingestuft werden und daher in Deutschland für Gebrauchsgegenstände, textile Produkte, Schmuck, kosmetische Waren und Tätowierungen verboten sind.

Nachhaltigkeit wird bei der Herstellung von textilen Geweben und im Gespräch zwischen Webern und Auftraggebern leider zu oft als Faktor gesehen, der das Endprodukt verteuert. Wir reden hier aber über uns selbst (Verbraucherschutz und Arbeitssicherheit), die Umwelt (Gewässer-, Immissionsschutz und Ressourcenproduktivität) sowie unsere nachfolgenden Generationen. Im täglichen Streben nach Gewinnoptimierung ist das vielen Entscheidungsträgern nicht genug bewusst – oder wird verdrängt.

Gespräche im Einkauf sollten von der Erkenntnis und Einsicht geprägt sein, dass der billigste Preis als oberstes Entscheidungskriterium für den Zuschlag geradezu zwangsläufig darauf hinausläuft, dass an möglichst vielen Stellen günstige Rohstoffe und / oder eine spärliche Verarbeitung zum Tragen kommen, was die Haltbarkeit senkt. Aber nur mit guten Rohstoffen, die mit Sorgfalt ausgewählt und auf den Bedarf abgestimmt werden, ist ein Produkt auch im Sinne der Nachhaltigkeit tragbar. Denn auf lange Sicht ist das günstigste Angebot nie das wirtschaftlichste.

Die Frage nach der Effizienz „Wer kann was am besten und hat den kürzesten Transportweg?" ist dabei im Aufbau eines Lieferantenpools ebenso bedeutend wie der faire Umgang mit Mitarbeitern und die Frage, auf welche Menschen und Mentalitäten man sich verlassen kann. Denn Kontinuität (der Beziehungen) verbessert das Ergebnis auch bei der Stoffherstellung.

Da wir in den Stoff ohnehin nicht hineinschauen können, dürfen wir ruhig die Augen schließen, um ihn auch sinnlich zu erfahren:

- Haptik: Hat er einen guten *Touch*?
- Hautverträglichkeit: Fühlt er sich auch an sensiblen Hautpartien gut an, zum Beispiel auf der Innenseite der Unterarme?

- Olfaktorik: Wie riecht der Stoff? Chemisch oder sauber?
- Struktur: Fühlt sich die Oberfläche gut an?
- Optik: Hat die Farbe Tiefe und ist der Farbausfall ansprechend?

Leider erst nach der Reinigung / Pflege erkennbar:
- Hält die Farbe und bleibt ursprünglich?
- Sieht die Ware auch nach längerem Tragen anständig aus?
- Wie erholt sich das Material?
- Waschen versus Reinigung: Ist die Pflege umwelt- und kostenschonend?

Für uns unsichtbar – aber bedeutsam – haben gute Stoffe diese Qualitätskontrolle durchlaufen:
- Auswahl und Abstimmung der Rohstoffe auf das gewünschte Ergebnis: Nur wenn Gutes hineinkommt, kann auch Gutes herauskommen. Der Endgebrauch bestimmt somit die Anforderung an jede Stoffentwicklung.
- Erstellen der technischen Soll-Vorgaben.
- Prüfung auf Einhaltung der Werte sowie laufendes Scannen des Stoffs auf Gleichmäßigkeit.
- Kleine Fertigungschargen von 50 Metern bis ca. 3.000 Laufmetern pro Auftrag werden als Stück im fertigen Rohgewebe gefärbt, größere Partien bereits im Kammzug vor dem Weben. Diese sogenannte Kammzugfärbung gewährleistet eine einheitliche Farbe und gleichbleibenden Warenausfall vom ersten bis zum letzten Meter. Für ein Gefühl der Menge: Aus 3.000 Metern Stoff kann man etwa 1.500 Herrensakkos nähen.
- Nach Erstellen des Rohgewebes wird die Ware in die Färberei oder in die Endausrüstung zur finalen Ausstattung des Gewebes gegeben.
- Je nach Herstellungsprozess sind bis zu 20 oder mehr Arbeitsschritte nötig, um die Gewebe „nadelfertig“ auszurüsten, inklusive ständiger Kontrolle nach jedem dieser Arbeitsschritte.
- Warenendkontrolle auf Übereinstimmung von Farbe, Gewebebreite, Gewicht und etwaige Fehler.

Die Qualitätsfrage beim Kauf von Textilien

In der Mode ist der Qualitätsbegriff vom Produktergebnis selbst weitgehend losgelöst. Unser Auge bewertet eher den *Look* als zum Beispiel die Verarbeitung der Nähte. Es wird Zeit, dass sich das ändert. Zudem ist die klassische Zuordnung der Stoffe längst aufgebrochen: Während Hemden und Blusen früher klassischerweise aus hautsympathischer Baumwolle oder Viskose waren, sind sie im Modebild heute auch mal aus Strick. Oder Mäntel zum Beispiel aus Cord ... Dabei machen bestimmte Materialeinsätze Sinn: Meine Nichte fragte mich beispielsweise, ob sie sich bei einem der einschlägigen Online-Händler einen Wintermantel aus Baumwolle kaufen könne. Ohne zusätzliche Ausstattung aber ist *Cotton* nicht wärmend und hat ein hohes Feuchtigkeits-Aufnahmevermögen, ist im Winter also weitgehend zweckbefreit. Und was machen wir nur mit der Flut von Polyester-Steppmänteln und -jacken, die den alten wärmenden Wollmantel aus Naturfaser seit vielen Jahren ersetzt hat und unseren Synthetik-Fußabdruck belastet?

Anders als bei kosmetischen Produkten, bei denen strähniges oder glanzloses Haar sofort mit dem Shampoo oder der Haarkur in Verbindung gebracht wird, weil man deren Anwendung kennt beziehungsweise auf der Rückseite der Flasche nachlesen kann, haben wir bei der Bekleidung das Gefühl dafür verloren, welches Material sich wofür eignet. Aber auch die Anwendung der Textilien – etwa wie Farben, Muster oder Stoffe miteinander kombiniert werden können und ob sie auch zum Typ des oder der Träger:in passen – wirft oft Fragen auf. Dadurch rückt der Style – und ob er gelingt – in den Vordergrund der Bewertung.

Die Frage nach der Qualität textiler Endprodukte lautet:
Würde ich dieses Teil auch aus zweiter Hand kaufen?

Sie formuliert ein Weiterdenken der sogenannten *30 Wear Challenge*, einer Kampagne der Klima-Aktivistin Livia Firth, welche uns dazu auffordert, Kleidungsstücke mindestens 30 Mal zu tragen, bevor wir uns von ihnen trennen, um die Emissionen ihrer Produktion zu rechtfertigen. Dazu müssen wir uns fragen:

- Ist das Kleidungsstück von guter Qualität?
- Passt das Teil in Proportion und Größe?
- Wie kombiniere ich es?
- Wie hoch sind die Kosten pro Mal tragen?
- Und passt seine Marke zu meinen Werten?

Die Italienerin ist Mitbegründerin von *Eco Age*, einer Kreativagentur für Nachhaltigkeitslösungen und war bis 2019 mit dem weltbekannten britischen Schauspieler und Filmproduzenten Colin Firth verheiratet. Es ist immer gut, wenn Engagement auf Möglichkeiten trifft. Wie 2020 in Davos, wo sich das *World Economic Forum* in einer Podiumsdiskussion für ein Re-Design der Modebranche für eine nachhaltige Zukunft einsetzte – unter anderem mit der Botschaft, wie wichtig es ist, dass wir uns damit befassen, was wir tragen, um überhaupt eine Wahl zu haben. Das knapp 44-minütige Video ist auf YouTube zu finden: https://youtu.be/tnIduEFTZ0s

Die 30-Mal-Messlatte mag sogar wechselfreudige *Fashionistas* dazu motivieren, Kleidung in den *Second-Hand*-Markt zu geben ... sofern sie dafür gut genug verarbeitet ist – der Kern unserer Qualitätsfrage. Interessant dabei: Die Angebote in *Second Hand*-Läden oder einschlägigen Portalen von privat an privat belegen, dass es die *produkt*getriebenen Marken sind, die im Wiederverkauf Begehrlichkeit wecken. Das heißt: Die Produkte einer Marke sind bekannt für eine gute Konfektionierung (Größen fallen immer gleich aus) und eine kontinuierlich sehr gute Verarbeitung. Im Vergleich bauen *marketing*-getriebene Marken auf einem künstlich erzeugten Image und einem virtuellen Wert auf, ähnlich wie eine Aktienoption, bei der man noch lange keine Aktie in der Hand hält. Wer also ein trendiges und heftig beworbenes Label trägt, muss noch lange kein gutes Produkt haben.

Im Sinne dieses Wiederverkaufs gilt der Merksatz: Textilien mit einem niedrigen Preis sind nur dann ein Schnäppchen, wenn der ursprüngliche Preis ehrlich ist und der Wert der Ware höher liegt. Billige Artikel sind keine Schnäppchen.

Im Top Level der Luxusmarken ist der Wiederverkaufswert eine Folge des meist über Jahrzehnte aufgebauten Markenkults. Die Qualität steht hier nie infrage – sie ist Teil des Weltbilds der Marke. Auch hier aber ist ein Kauf nur dann ein Erfolg, wenn mir das Kleidungsstück auch wirklich steht! Betrachtet man den Luxusgütermarkt, wird die Investition in die Langlebigkeit mancher Stücke tatsächlich zur Geldanlage, die das Umweltthema auf interessante Weise überflüssig macht.

Als Endverbraucher:innen können wir nur begrenzt beurteilen, wie Produkte entstanden sind, welche technischen Werte beispielsweise die Stoffe mitbringen und wie sich die Lebensverhältnisse der Menschen, die es zusammengenäht haben, darstellen. Aber der Streit um faire Löhne, Gewinnmargen, nachhaltige Produktion und Sicherheitsstandards in der Textilindustrie tobt, und das ist gut so: Erst wenn Marken wissen, dass Nachhaltigkeit in allen Bereichen entscheidend für die Käufer:innen ist, werden sie das auch umsetzen und insbesondere in ihrer Kommunikation herausstellen. Wir dürfen also nicht mehr aufhören hinzuschauen – und sollten bei jedem Kauf immer wieder entscheiden, ob wir dem Label vertrauen. Und gut aussehen wollen wir dabei auch:

Drei der größten Stilgeheimnisse gut angezogener Menschen sind:
- Sie haben die erwähnte gute Änderungsschneiderei.
- Sie haben eine:n guten *Barber* oder Friseur:in.
- Sie haben ein ausgesuchtes Feingefühl für das richtige Darunter.

Diese Kunst, die unseren Alltag begleitet und unser gutes Aussehen gewährleistet, verdient übrigens unseren höchsten Respekt. Zusätzlich sollten wir aber auch unser Auge schulen und das beschriebene Wissen um Verarbeitungsqualität einsetzen, Stoffe durch ihre Haptik erfahren lernen und unseren Kopf einschalten, ob ein Preis realistisch ist. Wir sollten unser eigenes (Massen-) Konsumverhalten infrage stellen und wieder mehr auf Klasse statt Masse setzen.

Für Marketing- und Werbetreibende heißt das im Umkehrschluss, dass die Entscheidung, für wen sie Werbung machen, auch Verantwortung mit sich bringt. Denn Marketing ist durchaus etwas Großartiges, wenn es Vehikel für gute Produkte wird. Und dann bezahlen wir es auch gerne mit. Manche Unternehmen adeln die Verantwortung des Marketings mit einer eigenen Vorstandsposition, dem oder der CMO (Chief Marketing Officer). Wenn diese:r außerdem noch eine Kultur für Auftreten, Benehmen und Kleiden der Mitarbeiter definiert und integriert – denn angenehmes und menschliches Personal bindet mehr Kunden –, hat er oder sie eine wahre und nachhaltige Aufgabe.

Der legendäre Werbeslogan der Automarke Opel „Umparken im Kopf" bringt auf den Punkt, worum es auch im Modekonsum geht. Erst wenn wir erkennen, dass billige Kleidung nicht nur für unser eigenes Portemonnaie die teure Lösung ist, können wir neue Entscheidungen treffen, von denen letztlich alle profitieren: Rohstofflieferanten, Hersteller, Näher, Händler – und wir selbst. *Billig hergestellt* und *preisreduziert verkauft* ist nämlich nicht das Gleiche. Das ach-so-günstige Angebot kostet unser Image, wenn wir selbst billig aussehen, erhöht die Ausgaben, weil es zum früheren Nachkauf zwingt, und belastet unser kollektives Gewissen, weil seine Herstellung auf Kosten der Umwelt und eben oft anderer Menschen geht. Es wird Zeit, dass wir umparken.

Accessoires und Statussymbole

Brillen und Sonnenbrillen

Ganz im Zeitgeist der Verbraucher- und Marken-Checks werden auch Optiker vermehrt unter die Lupe genommen, denn der Zusammenhang zwischen Preis und Leistung ist für uns Kunden vielfach schwer zu durchschauen: Einem vergleichsweise geringen Materialwert – denn das pure Material des Gestells macht manchmal nur einen Bruchteil des Endpreises aus – stehen die Qualität des Sehens, die fachliche und stilistische Beratung durch hoffentlich dafür qualifizierte Mitarbeiter:innen und ein boomender Markt gegenüber.

Bei der Recherche vor Kauf wären die Produktionsländer von jeweils den (Marken-) Gläsern und den (Designer-) Fassungen interessant. Nur verliert sich die Spur sehr schnell: Brillengestelle liegen in der Verantwortung der Marken und nicht der Händler – und die Partner für die Herstellung der Gläser haben zwar Webseiten, führen aber im eigenen Impressum auf eine Such-Seite ... Das ist frustrierend und stellt die Transparenz infrage. Auf meine E-Mail an eine Augenoptiker-Marke mit stationären Läden bekomme ich dann aber postwendend Antwort: „Da wir ein großes Portfolio an Marken vertreiben, kommt es auf die jeweilige Marke an. Die Fassungen werden in Europa und in asiatischen Ländern hergestellt. Wir haben mit all unseren Lieferanten Verträge, welche die Menschenrechte schützen (keine Kinderarbeit, humane Arbeitsbedingungen etc.)." Immerhin.

Leider sind Brillen heute oft mehr Marken-Statement als dass sie etwas für das Gesicht der Person selbst tun: Welcher Star bei welcher Gelegenheit eine bestimmte Brillenform getragen hat, beeinflusst die Nachfrage sehr stark.

Die weite Verbreitung gleichförmiger Modelle in die Fläche hat nicht zuletzt auch mit den Einkaufskonditionen des Handels zu tun: Größere Mengen bedeuten einen günstigeren Einkaufspreis durch Mengenrabatt, was vor allem die Großfilialisten betrifft. Kleinere und Einzelunternehmen hingegen gründen Einkaufsgemeinschaften, teilweise mit eigenen Linien.

Durch die Trendgebundenheit lässt kaum ein Accessoire das Datum des Erwerbs so schnell erkennen wie die Licht- oder Sichthilfe. Wer gibt sich heute noch mit nur einer Lese- oder weniger als zwei Sonnenbrillen zufrieden? Ab einem gewissen Alter haben Brillen zumindest den wunderbaren Vorteil, dass ihr Rahmen die Erfahrungslinien kaschiert …

Im flächig mit Optikern übersäten Deutschland sind es eher die *ohne* Brille, die avantgarde sind – anders übrigens als in europäischen Nachbarländern wie Italien, in denen Apotheken und Optiker eher rar, dafür Handtaschenläden flutartig verbreitet sind. In südeuropäischen Ländern hat die Lederindustrie Tradition, während das Geschäft mit Krankheit offenbar weniger Anziehungskraft besitzt.

Das Image der Brille hat sich also zum Glück für alle, die in grauer Vorzeit noch gehänselt wurden, sehr gewandelt, und der Kampf um Marktanteile ist auch hier fruchtbarer Boden für neue Vertriebsideen mit Vor- und Nachteilen für uns Kunden. Denn wo sie tatsächlich als Sehhilfe benötigt wird, ist die Brille mit differenzierten Schritten der Herstellung verbunden, die im besten Fall für Wohlbefinden und Sichtqualität – und im schlechtesten zu Kopfschmerzen und späteren Sichtschäden führen kann.

Entsprechend beginnt eine gute Sichtkorrektur mit der sorgfältigen, von einem Fachmann durchgeführten Ermittlung des exakten Sehprofils, für die ein hochentwickeltes optisches Instrument zur optimalen Vermessung der oft unterschiedlich guten Augen nötig ist. Die komplexe Ausbildung zum Augenoptiker beinhaltet daher auch in hohem Maße optometrisches Wissen sowie medizinische Grundlagen zur Analyse und bestmöglichen Korrektur des Auges. Dadurch wird ein:e Optiker:in zum Mittler zwischen Kund:innen und Fachärzt:innen für Augenheilkunde, wenn sie oder er Kund:innen mit Auffälligkeiten dorthin schickt.

Das allein sollte einem bewusst machen, dass die Qualität des Produkts, wenn es um das Sehen und nicht das Gesehenwerden geht, vor allem in der medizinisch-fachlichen Beratung und Dienstleistung des Optikers liegt. Trennen Sie also bitte gedanklich die Qualität der Gläser von der der Fassung.

Der Verzicht auf eine genaue Analyse ist unverantwortlich gegenüber sich selbst und der Lebensqualität im Alter, weil er zu ungewollten anatomischen Problemen wie zum Beispiel Fehlstellungen der Augen und unerwünschten Nebenwirkungen wie Kopfschmerzen oder vermehrt müden, brennenden Augen führen kann. Zum Beispiel wird eine Fertiglesebrille im Dauereinsatz von Fachleuten als fahrlässig eingestuft ... Ihre Abbildungsqualität ist optometrisch mit einer individuell angefertigten Arbeitsplatzbrille nicht zu vergleichen, weshalb sie eine kurzfristige Hilfe im Notfall bleiben sollte – der Hinweis steht sogar auf den Verpackungen.

Bei einer Korrektionsbrille muss das gute Sehen in den Vordergrund rücken, natürlich ohne Einbußen bei der Attraktivität in Kauf zu nehmen. Fassungen, die das Gesicht des Trägers und seine typischen Gesichtsmerkmale betonen sollen, gehen eher mit der Linie von Gesichtszügen und Außenkontur als gegen sie. Das bedeutet: Markante Gesichter *mit* geraden Linien und eckigen Formen werden durch ebensolche Brillen hervorgehoben, weiche Gesichter mit abgerundeten Linien durch weichere Formen, wobei man aber die Gesichtsform nicht genau aufnehmen sollte. Manche Berater empfehlen, genau *gegen* die Linie des Gesichts zu gehen, und erreichen damit, dass die Brille das Gesicht dominiert. Absicht?

Wie viel Sorgfalt ist uns der eigene Stil wert, wenn er mitten im Gesicht auf unserer Nase sitzt? Noch dazu vor einer Kamera, die den Eindruck verstärkt – positiv wie negativ: Eine Fassung, die zu den Gesichtszügen nicht passt, ist immerhin nicht nur für den Optiker ein Kompetenzkiller, sondern gibt der Grundsatzfrage bei der Auswahl des geeigneten Stils eine besondere Bedeutung: Soll man zuerst die Brille – oder aber die Augen sehen? Als Kund:in sollten Sie sich darüber schon einmal im Klaren sein, bevor Sie ein Geschäft oder virtuellen Showroom betreten. Außer der Linie sind natürlich noch Farbe und Material der Fassung relevant.

Als Werkstoff für Brillen*gläser* wird heute etwa zu 90 Prozent Kunststoff verarbeitet. Wer eine Brille nicht als Sehhilfe, sondern als modischen Artikel konsumieren möchte, macht sich vielleicht ein paar Gedanken über Sinn und Unsinn von Auswahlsendungen. Manche

Anbieter werben nämlich damit, dass man mehr Modelle bestellen (oder auch im Laden kaufen) und zurücksenden beziehungsweise -geben kann, was einem nicht gefällt. „In Ruhe zuhause probieren und wählen“ ist das Lockmittel – nur dass dort niemand ist, der einen fachlich und stilistisch objektiv berät.

Für viele ist es schwierig, die Struktur des Gesichts zu erkennen. Welcher Mensch kann sein Gesicht, das er täglich morgens im Spiegel begrüßt, schon mit dem nötigen Abstand selbst analysieren? Bei den meisten käme hilflos *oval* heraus – auch wenn das Gesicht vielleicht herzförmig, tropfenförmig oder gar rechteckig ist. Dabei geht es um die Analyse der Struktur des Gesichts, die wir erkennen können, wenn wir die Haare zurücknehmen und die Linie des Kiefers betrachten. Diese Einschätzung sollte daher auch Teil der Beratung durch den Optiker sein, wird allerdings in der Ausbildung kaum gelehrt, wie eine Meisterin des Handwerks einräumt. Vom Direktor einer Ausbildungsstätte für Optikermeister:innen erhalte ich entsprechend auch folgende schriftliche Antwort auf meine Frage: „Leider bin ich als Ansprechpartner für den von Ihnen genannten Themenbereich völlig ungeeignet. Ich bin Wissenschaftler und beschäftige mich in erster Linie mit Optik und Optometrie. Konsum, Statussymbole und Beauty sind eigentlich die Dinge, die mich am wenigsten von allen interessieren. Es gibt an unserer Fachschule auch niemand anderen, den ich Ihnen empfehlen könnte.“ Soviel zur ästhetischen Ausbildung von Optikern in Deutschland. Hier gibt es noch viel Potenzial.

Im Idealfall kennen wir als mündige Kunden daher unsere Gesichtsform und -züge und definieren unsere eigenen Vorstellungen *vor* dem Gang zum Optiker oder dem Vorbeisurfen im Netz.

Was ein Optiker aus Fleisch und Blut immer tun wird – und was im Internet nicht möglich ist – ist außer dem Vermessen und Einschleifen auch das Feinabstimmen des Endproduktes auf beste Passgenauigkeit und das Überprüfen des Sichtabstands der Pupillen. Eine Beratung im Laden in Anspruch zu nehmen und hinterher im Netz zu bestellen ist daher nicht nur unfair, sondern auch für sich selbst von Nachteil, wenn die anatomische Anpassung ausbleibt.

Und schließlich ist auch der schöne menschliche Kontakt mit der oder dem Optiker:in Ihres Vertrauens von Bedeutung, der die Brillenwahl zu einer vergnüglichen Begegnung mit dem eigenen Image machen kann.

Erwartungen an Brillen:

- Sehhilfe mit überprüfter Dioptrienzahl, Einstellung der Pupillenabstände und des Winkels
- Sonnen- oder Lichtschutz mit UVA
- Formstabilität, Kratzfestigkeit und Pflegeleichtigkeit
- ein komfortables und gut sitzendes Gestell mit angenehmem Gewicht
- Ausgleich oder Hervorhebung charakteristischer Gesichtszüge
- trendige, zeitgemäße Aussage / Coolness

Für eine Brille, die sich harmonisch in das Gesicht einblendet, gibt es diese Tipps:

- Der obere Rand sollte mit der Linie der Augenbrauen harmonieren.
- Der untere Rand der Brille sollte das Gesicht nicht berühren.
- Ein hoher Steg verlängert die Nase, ein niedriger verkürzt sie.
- Weit auseinander stehende Augen können mit einem dunklen Steg näher zusammengebracht werden, engstehende behalten Distanz mit einem hellen oder feinen Steg.
- Die Augen sollten in der oberen Mitte der Gläser zu sehen sein, aber nicht zu hoch.
- Zierliche Menschen tragen filigrane Brillen, zum Beispiel randlose, große Menschen größere Rahmen, um die Proportionen zu wahren.

- Die Farbe passt zum Typ – warm oder kühl.
- Wir wünschen uns eine Beratung, die auf uns eingeht und auch Lebens-, Lese- und Sichtgewohnheiten abfragt – zum Beispiel im Bereich Sehen und Sport.
- Relevante Preisfaktoren sind einerseits die Gläser mit den verbundenen Dienstleistungen zur Ermittlung und Überprüfung der Dioptrienzahl, andererseits beim Brillengestell das Design, Markenlizenzen oder ein Preiszuschlag wegen limitierter Auflage.
- Stationäre Geschäfte geben meist eine Bezugsquellengarantie mit Auskunft über Materialien und Herkunft der Produkte.

Uhren und Schmuck

Nur die feinsten Uhren und Juwelen haben einen Wiederverkaufswert. Hier kommen die edelsten Eigenschaften des Markenkults zum Tragen – wenn nämlich eine über Jahrzehnte aufgebaute Marke den Erwerb als Geldanlage adelt. Denn im Luxusmarkensegment ist natürlich auch die Qualität der schönen Preziosen über jeden Zweifel erhaben. Sie ist selbstverständlich. So bleibt ein Auktionspreis im Wiederverkauf stabil, auch – oder gerade wenn – das Produkt schon viele Jahre alt ist. Eine Uhr von Patek Philippe, Cartier oder IWC mag vielleicht vom ersten zum zweiten Besitzer die Hälfte des ursprünglichen Kaufpreises einbüßen, wird anschließend aber immer wieder das gleiche Preisniveau im Wiederverkauf erzielen. Eine Praxis, die in europäischen Nachbarländern weitaus üblicher ist als bei uns: Ein Wertgegenstand wechselt den Besitzer, der hat ein paar Jahre Freude daran – und verkauft ihn anschließend ohne Verlust wieder weiter.

Im Top-Segment geht es um Besitzerstolz, denn Exklusivität hat ja auch etwas Rares – sie ist der Ritterschlag für Zweite-Hand-Ware. Das funktioniert übrigens nicht nur bei Schmuck und Uhren, sondern kann auch für Textilien gehobener Spitzenmarken gelten wie den legendären Hermès-Tüchern, die als Kunstware und Sammlerobjekte gehandelt werden und von denen jedes eine Geschichte erzählt. Markenimage ist also keineswegs immer nur Augenwischerei, die uns zum Kauf animieren will, sondern bei Luxusgütern ein echter Nachhaltigkeitsgarant im Sinn der Qualität.

Für die unbedenkliche Herstellung von Uhren und Schmuck setzt sich seit 2005 das von 14 Mitgliedsorganisationen gegründete *Responsible Jewelry Council* (RJC) ein: Es bietet Zertifizierungen sowie Aus- und Fortbildung an, um *„verantwortungsvolle Geschäftspraktiken in die Managementsysteme und den täglichen Betrieb zu integrieren"*, so die Webseite. Die Prüfungen fordern angemessene ethische und soziale Menschenrechts- und Umweltpraktiken beziehungsweise nachvollziehbare und verantwortungsbewusste Beschaffung.

Offenbar hat das aber nicht gereicht: Im Herbst 2021 berichtete ein Branchenmagazin (https://www.gz-online.de/schmuck-detail/

cartier-und-kering-starten-offensive-für-mehr-nachhaltigkeit.html) von der Gründung einer *Watch & Jewelry Initiative 2030*, an der die RJC beteiligt ist. Sie soll zum Beispiel die Erreichung der CO_2-Neutralität bis 2030 vorantreiben, um die Glaubwürdigkeit der Branche – und damit die Kundenbindung – zu erhöhen.

Natürlich verlangt die Auswahl von *Vintage* – also die Anwendung von modischen Retro-Looks – Fingerspitzengefühl und die persönliche Reife zu erkennen, was zu einem passt und was nicht. Denn hier fehlen die Stilvorbilder: Keine Werbekampagne (mehr), die einem zeigt, wie das Unikat zu kombinieren ist, um nicht verstaubt zu wirken. Mit den aus modischer Sicht antiken Produkten öffnet man sich dafür aber eine Welt der Verarbeitung und vergessen geglaubter Techniken, die einfach bestechend und mehr als einen zweiten Blick wert sind. Wer einmal ein großmütterliches Kristallglas neben einem zeitgemäß schlichten gegen das Licht gehalten hat, versteht, was ich meine.

Schmuck oder Uhren mit Patina und Geschichte wirken am besten, wenn alles andere unaufdringlich gehalten ist und Sie ein weiteres Element kombinieren, das einen Übergang schafft. Denn unser Auge hat sich an die reduzierte Schlichtheit gewöhnt, wie etwa in der Architektur, der Inneneinrichtung und der Mode. Nur manchmal kommt eine *Fashion*-Saison mit „Bling-Bling" und Nieten vorbei. Aber was sind schon Pailletten gegen echte Wertarbeit? Ein Set unglaublicher Deko-Ohrringe mit echten Steinen beispielsweise tragen Sie zum schlichten Kleid in einer edlen Farbe, die Ihren Teint und die Steine zum Leuchten bringt. Dazu wählen Sie noch ein weiteres Element, das den Deko-Charakter der Ohrringe wieder aufnimmt, etwa eine romantische Clutch zum Abendkleid oder eine verspielte Frisur zum Tages-Outfit. So sieht *Retro* nach Absicht aus.

Das Wertebewusstsein der Marke – und der damit vermutete Preis – stellt auch den Status von Uhren sicher. Für viele Männer ist die Uhr *das* Statussymbol schlechthin, im besten Fall aufwertend, im schlechtesten abschreckend – wenn zum Beispiel ein Kunde das Gefühl bekommt, dass es dem Uhrenträger „zu gut" geht. Dann kann der Hinweis *Vintage* oder „Erbstück" beschwichtigen, denn Protzen ist heutzutage einfach nicht mehr angesagt.

Zur Beurteilung des Wertes liefert das verwendete Material einen ersten Anhaltspunkt: Eine Uhr aus Gold hat einen definierten Materialwert – unabhängig von allen anderen wertbestimmenden Faktoren. Um ein Gramm Gold zu gewinnen, werden allerdings mehrere Tonnen Erdreich bewegt und ganze Landstriche durch die Verwendung von Quecksilber bei der Trennung vergiftet. Da ist es schon ein besseres Gefühl, nachhaltige Stücke zu kaufen, deren Gold bereits vor 50 oder vor 100 Jahren gewonnen wurde. Der Wert einer Uhr aus unechtem Material dagegen kann durchaus gegen null tendieren, wenn keine anderen Faktoren dazukommen, welche die Uhr begehrenswert machen. Dies sind zum Beispiel die Bekanntheit der Marke oder das Renommee des Herstellers, welches für die Qualität des Produkts bürgt.

Uhrenarmbänder sind letztlich Geschmackssache und eine Frage der Hautverträglichkeit, sie geben der Uhr nur den Rahmen, wobei Lederarmbänder sportlicher, Metallarmbänder mehr nach Schmuck aussehen. Sie sollten vor allen Dingen auch zum Anlass passen, so wie das Stück selbst zum Typ – Preis hin oder her. Uhrenliebhaber unterscheiden außerdem rigoros zwischen „den guten" mechanischen und „den minderwertigen" batteriebetriebenen Uhrwerken, zwischen Handaufzug oder Automatik und der Präzision von Chronometern.

Es gibt und gab aber auch – vor allem beim Schmuck – kleine Hersteller (oft sogar Ein-Mann-Betriebe), die handwerklich perfekte Schmuckstücke geschaffen haben. Viele dieser Preziosen aus den 30er bis 80er Jahren des vergangenen Jahrhunderts sind dem Meister leider oft nicht mehr zuzuordnen, wenn keine entsprechende *Punze*, also eine Meisterbezeichnung, angebracht wurde. Der Fachmann und auch der interessierte Laie werden die überragende Qualität der Arbeit trotzdem erkennen.

Außerdem hat der Wert beim Schmuck auch etwas mit dem Gewicht zu tun: Wertvolle Schmuckstücke liegen in der Hand oft schwerer als erwartet. Nur bei günstiger Massenware ergibt es Sinn, an nicht sofort sichtbaren Stellen Material einzusparen (bei 500 Ringen jeweils 0,5 Gramm Gold einzusparen sind immerhin 250 Gramm!). Um die handwerkliche Qualität zu erkennen, braucht man Erfahrung und eine Lupe. Diese offenbart die perfekte – weil sorgfältige – Arbeit eines begnadeten Meisters und unterscheidet sie von der schlichten eines unbegabten Handwerkers.

Qualität entsteht aber auch durch die Güte der Steine: *Colour, Clarity, Cut, Carat* sind die Leitkriterien. Diese zu bewerten ist Expertenaufgabe. Ein sehr gut gearbeitetes Schmuckstück mit einem mittigen, großen Diamanten in Top-Qualität, aber einem Kranz kleinerer Diamanten in minderer Qualität hat bereits den Anspruch auf einen Spitzenplatz verloren.

Wer gebraucht kauft, sollte zudem immer auf die Glaubwürdigkeit des Anbieters Wert legen: Echtheitszertifikate und Garantien (z.B. auf die Uhrwerke) gehören dazu und sollten auch aus Privathand ohne Rückfrage beigelegt werden – wie auf dem Kunstmarkt. Denn die Preismöglichkeiten gerade bei Uhren sind breit gefächert: Da gibt es rare Stücke für sechsstellige Beträge – und andererseits günstigste Quarzuhren, die durch *Swatch* ihren Siegeszug angetreten haben. Ihr Gründer war für die vielen Uhren um beide Handgelenke bekannt, der die spielerische Komponente in den Uhrenmarkt hinein trug und dem traditionellen Kult die Gefolgschaft verweigerte.

Als Kund:in sollten Sie auch bei sich selbst auf angemessene und gepflegte Kleidung achten und sich für den Uhren- und Schmuckkauf wirklich Zeit nehmen – je mehr Sie ausgeben wollen, desto eher mit vorheriger Terminvereinbarung.

Auch unsere Lebenseinstellung und der Lebensstil spielen bei der Auswahl mit, und wir sollten diesbezüglich ehrlich mit uns selbst sein: Sind wir Perfektionist:in? Dann dürfen es sogar Brillanten in allerfeinster Qualität und mit internationaler Expertise (oder etwas Wertiges analog dem eigenen Preisrahmen) sein. Manche:r freut sich vielleicht auch darüber, dass kaum jemand merkt, dass die unscheinbare Platinuhr – kaum von Stahl zu unterscheiden – ein kleines Vermögen wert ist.

Wollen wir aber für denselben Kaufpreis *mehr zeigen*, wird dieses Bedürfnis eher mit einem größeren Stein und mehr Karat (dafür minderwertiger in Farbe und Reinheit) bedient. Die berühmte Balance von Klasse und Masse ... Geschmackvoller, in Größe und Form auf den Typ abgestimmter und nicht ganz so teurer Schmuck ist nämlich allemal besser als klotziger, der zum Menschen nicht passt.

Für Ihren Stilalltag gibt es noch diese Empfehlung: Manchmal möchte man ein Stück verlängern, kürzen oder umarbeiten lassen, zum Beispiel eine Kette. Bitte besprechen Sie mit Ihrem Juwelier genau, was Sie sich vorstellen und lassen Sie es auch auf dem Abholschein notieren. Oft wird nämlich nur ein Beleg mit Nummer mitgegeben – und die Diskussion um Zentimeter macht nach erfolgter Arbeit beide unglücklich. Sorgen Sie für eine sauber dokumentierte Kommunikation, damit beide Seiten dasselbe meinen.

Erwartungen an Uhren und Schmuck

- Status durch Marke
- Wertanlage
- Zeitfunktion
- Abrundung eines Looks zur interessanten Erscheinung
- Betonung schöner Körperstellen wie etwa schöner Hände
- Typbetonung: passende Metallfarbe, Größe und Linie
-

- Für Schmuck, Uhren (und Pelze) ist (nur) *Second Hand* echt nachhaltig.

- Wert-Merkmale sind die Marke, die Punze (Meisterbezeichnung) und die handwerkliche Kunst.

- Die Qualität der Verarbeitung lässt sich mit der Lupe auch für uns Laien erkennen.

- Wertvolle Schmuckstücke haben ein höheres Gewicht.
- Die Bewertung der Steine ist dagegen absolut Expertenaufgabe!
- Bitte fragen Sie nach Echtheitszertifikaten und (bei Uhren) Garantien auf das Uhrwerk.
- Realistische Gegenwerte erhalten wir bei Auktionen oder seriösen Händlern (für Second-Hand).
- Die Metallfarbe wird auf den Hautunterton – warm oder kalt – abgestimmt.
- Die Größe von Schmuck und Uhren sollte mit der Statur und Größe eines Menschen harmonieren.
- Pelze sind zwar nicht mehr *in*, als gebrauchte Ware aber freier von Verantwortung, weil dafür nicht neu getötet wurde. Pelzwaren aus Erbnachlässen zu vernichten, fühlt sich für viele von uns respektlos gegenüber den Tieren an, die damals ihr Leben gelassen haben – und achtlos gegenüber den Menschen und Vorfahren, die daran bereits Freude hatten. „Auftragen" ist die schönere Geste gegenüber beiden. Alte Pelze lassen sich übrigens modisch umarbeiten.

Strumpfwaren

Strumpfwaren sind mir ein echtes Anliegen: Wie viele Frauen und auch Männer haben die Kunst der Auswahl verlernt? Dabei kann die richtige Strumpfhose ein Outfit aufwerten oder optisch komplett zerstören. Ich erinnere mich zum Beispiel an das Foto einer weltberühmten Ikone, die zum hellblauen Schneiderkostüm kompakte schwarze Strümpfe kombiniert hatte – ein harter Bruch, der dem ganzen Look die Leichtigkeit und die Eleganz nahm. Nach welchen Spielregeln wird also kombiniert – und welche Qualitätskriterien lassen sich bei Strumpfwaren überhaupt anlegen?

Aber ich vergaß ... als hippe und zeitgeistliche Typen tragen wir inzwischen auch im Winter kollektives *Knöchelfrei* oder zumindest farbige Socken zum Anzug. Nur können sich die Zeiten ja auch wieder ändern. Für Männer ist das Material bedeutend, das in erster Linie angenehme Trageeigenschaften, Hautverträglichkeit und eine gewisse Haltbarkeit mitbringen sollte. Je nachdem, welche Faser und in welcher Dicke verarbeitet wurde, hält so ein Strumpf nur wenige oder aber zahlreiche Waschzyklen durch, ohne an den Fersen helle Stellen zu zeigen. Sobald das Wäschestück durchscheinend wird, sollten Sie es allerdings kompromisslos ersetzen, sonst kann es passieren, dass Sie zum Bespiel als Gastgeber im Geschäftsleben vor Ihren Businesspartner:innen eine Treppe hochgehen – und diese die ganze Fadenscheinigkeit zu Gesicht bekommen. Wie peinlich.

Je nach Saison, Anlass und persönlichem Wärmeempfinden kommen als Materialien in der Regel Wolle, Wollmischungen, Baumwolle oder aber die feinere merzerisierte Baumwolle oder auch Seide zum Tragen. Eines aber sollte die Socke eines Gentlemans nie: Rutschen und dabei die Wade entblößen! Die Menge der Behaarung ist „zu viel Information", mehr als wir sehen wollen. Bei den Farben wollen die klassische Auswahl und das modische Statement gegeneinander abgewogen werden. Wer Menschen in ihrer Kleidung bewusst betrachtet und daraus seine Schlüsse zieht, kommt vermutlich darauf, dass sehr farbige, stark gemusterte oder mit Figuren versehene Modelle an Männern eher komisch als modisch wirken und den

Blick des Betrachters vom Gesicht weg lenken. Der klassische Typ orientiert die Sockenfarbe an der von Schuh oder Hosensaum.

Bei Damen-Feinstrümpfen stellt sich die Materialfrage dagegen nicht: Eine Komposition aus Polyamid und Elastan, beides synthetische Chemiefasern, ist hier durchgängig. Für die Erklärung der Denier-Zahl bin ich in Bewertungen auch schon *gebashed* worden, weil das niemanden interessieren würde – so ganz irrelevant ist das Wissen aber nicht für unseren Einkauf:

Beim Strumpf gilt: Je höher die Zahl in Denier, desto dicker der Strumpf. Beim Stoff ist es umgekehrt: Je höher die Zahl hinter der Super-Angabe, desto feiner das Garn – und desto dünner der Stoff, etwa bei Anzügen und Kostümen.

Die Denierzahl gibt an, wie viel Gewicht ein Garn von 9.000 Metern Länge hat. Somit ist ein Garn, das nur 15 Gramm auf die genannte Länge wiegt, wesentlich feiner als eines, das 40 oder mehr Gramm pro 9.000 Laufmetern wiegt. Man unterscheidet zwischen den sogenannten *transparenten (Sheers)* und den *blickdichten* Strumpfwaren, auch *Opaque* genannt, die bei 40 Den beginnen. Die ganz dicken Qualitäten bilden keine Laufmaschen, sodass man sie – wenn sie am Fuß dünn werden – abschneiden und beispielsweise Stulpen für Arme oder Waden daraus machen kann. Für die Auswahl der richtigen Ausführung sind diese Fragen relevant:

- **Passform:** Sitzt die Strumpfhose wie eine zweite Haut, macht jede Bewegung mit, zieht nirgends und gibt Wohlbefinden? Auch in der Fußspitze sollten die Zehen nicht zu sehr zusammengedrückt werden; manchmal ist es nämlich nicht der Schuh, der drückt, sondern der Strumpf.

- **Schnitt und Bund:** Passen sie zu meinem Körper? Eine Hüftstrumpfhose beispielsweise fühlt sich für eine schlanke Frau super an, rutscht aber bei einer anderen mit etwas Bäuchlein schnell herunter.
- **Sonderfunktionen:** Erfüllt die Strumpfhose ihren Zweck? Wenn ich etwa ein hautenges Kleid tragen will, darf nichts, aber

auch gar nichts einschneiden, auch nicht in der Taille. Bei *Peeptoes*, also Schuhen mit einer Öffnung für die Zehen, sollten die Zehen unbedingt unbestrumpft sein. Trotzdem möchten Sie vielleicht eine gleichmäßige, nicht zu blasse Beinfarbe. Dann brauchen Sie eines der extra dafür entwickelten Peep-toe-Modelle, welche die Zehen frei lassen.

- **Garnstärke:** Ist meine Beinpflege ausreichend für transparente Strümpfe? Je heller und feiner ein Strumpf, desto gleichmäßiger sollte alles darunter sein, inklusive der Haarentfernung. Da „ohne Strümpfe" im internationalen Geschäft und in der Hochpolitik keine Option ist – keine Asiatin oder Amerikanerin würde je mit nackten Beinen Geschäfte machen wollen –, ist ein nicht zu heller, natürlich wirkender und höchstens matt glänzender Strumpf auch im Sommer angezogener. Bei sehr hohen Temperaturen sind halterlose Strümpfe eine luftige Alternative zu welchen mit geschlossenem Höschenteil. Was Frau *darunter* trägt, beeinflusst ihre Bewegungen – und nicht selten ihre Wahrnehmung der eigenen Attraktivität. Vergessen Sie das nie!

- **Glanz:** Er macht die Beine optisch voller, ist also gut für sehr schlanke und flache Beine, welche durch die Lichtbrechung mehr Kontur erhalten. Das gilt besonders bei dunklen, blickdichten Modellen. Bei hautfarbenen Strümpfen muss Glanz dezent sein. Als Spielregel gilt: Je kräftiger das Bein, desto dunkler und matter der Strumpf.

- **Muster:** Soll der Strumpf Accessoire oder unsichtbarer Begleiter sein? Gemusterte Strümpfe lenken den Blick des Betrachters immer auf die Beine. Das ist im Geschäftsleben kontraproduktiv, wo es um andere Vorzüge geht.

- **Farbgleichmäßigkeit:** Von manchen Frauen wird das als Qualitätskriterium gesehen. Wenn die Farbe des Strumpfs an der gewölbten Wade und der schmalen Fessel gleich intensiv ist, wirkt das Bein etwas flächiger, der Farbton aber hochwertiger. Bei blickdichten Strümpfen ist das ohnehin gegeben, feine Strümpfe aber modellieren umso stärker, je dunkler und feiner sie sind, was ja erwünscht sein kann.

- **Farbe und Helligkeit:** Für die Wahl der Farbe ist die Grundsatzfrage entscheidend, ob die Silhouette unterteilt werden oder ein Übergang geschaffen werden soll. Ein schwarzes Kleid mit schwarzen Schuhen, aber hautfarbigen Strümpfen getragen, unterbricht die Gesamterscheinung und macht dadurch kleiner. Hier fehlt der Übergang. Eleganter ist hier ein rauchiger Ton, der nicht so kompakt und schwer wirkt wie ein schwarzer Strumpf zum schwarzen Kleid. Wer also klein ist oder schlanker wirken möchte, setzt eher auf Ton-in-Ton und sanfte Farbübergänge. Zu einem leichten, sommerlichen Stoff in dunkler Farbe lassen sich auch ein moderner nude-farbiger Schuh (zwischen Hautton und Hellbraun) und der passende hautfarbene Strumpf kombinieren, was das Bein streckt und größer wirken lässt. Je leichter der getragene Stoff, desto heller darf der Strumpf dazu sein – wenn das Bein es hergibt.

Das Ausbalancieren von Blickdichte, Helligkeit und Glanz gehört zur Kür einer gut angezogenen Frau. Hier zeigt sich der Blick für die gesamte Erscheinung, der nicht nur den Rocksaum sieht und eine Frau zur Lady macht. Hier zeigen sich Detailtreue und stilistische Erfahrung. Um diese Erfahrung zu sammeln, sollten Sie sich auf alle Fälle Zeit für die Auswahl der richtigen *Stockings* nehmen – je wichtiger der Anlass, desto mehr: Für Präsentationen, Hochzeiten, Vorträge und ähnliche Gelegenheiten können Sie nicht früh genug anfangen, den richtigen korrespondierenden Strumpf zu suchen. (Sicherlich ist Ihnen schon aufgefallen, dass ich mit „Strumpf" alle Feinstrümpfe von halterlos bis Strumpfhose meine.)

Wenn Sie ein neues Kleid oder Kostüm in einer seltenen Farbe erstanden haben, gehen Sie damit am besten sofort in die nächste gut sortierte Strumpfabteilung, denn die gängigen und auch im Supermarkt verfügbaren (Billig-)Anbieter haben ohnehin nur noch Schwarz und wenige Hauttöne im Sortiment, dafür in voller

Regalbreite. Und wenn Sie eines Tages vor dem perfekten Begleiter für ein bestimmtes Outfit stehen, schauen Sie bitte nicht auf den Preis: Das eigentliche Qualitätskriterium ist die Auswahl – da die Haltbarkeit bei diesem Produkt ohnehin nicht gewährleistet werden kann. Sie liegt nämlich auch an Ihnen selbst: Die Halbwertzeit von Feinstrümpfen sinkt parallel mit der Zeit, die Sie sich nehmen, um sie anzuziehen. Sie lieben Hektik am Morgen nämlich genauso wenig wie rissige Fingernägel, gesplitterte Stuhlkanten und Steinchen in den Schuhen. Für ultra-feine werden sogar Handschuhe zum Anziehen angeboten. Und für die Maschinenwäsche benutzen Sie bitte immer ein Wäschenetz. Geld lässt sich allerdings sparen, wenn Sie in der Stiefelzeit unter Hosen auf die haltbareren Stiefelstrümpfe umsteigen, die keine Laufmaschen bekommen.

Der Blick für die gesamte Erscheinung wird übrigens geschärft, wenn Sie sich öfter mal in Ihren Outfits fotografieren, um zu sehen, was ein Beobachter sehen kann. Das klärt vieles. Wer sich mit seiner Garderobe befasst, wird ein paar Standardmodelle und -farben definieren, die zum Bein und den meisten Teilen im Kleiderschrank passen. Diese Stammartikel sind der perfekte Internetkauf!

Erwartungen an Strumpfwaren:

- formoptimierte Beine / Beautyaspekt
- Sonderfunktionen wie Stützeffekt, flacher Bauch, nahtfreie Silhouette
- Raffinesse für das gesamte Outfit (abrunden)
- Passform und Länge
- rutschfester Bund bei Herrensocken / -kniestrümpfen
- Hautverträglichkeit und Fußklima

- Qualität bei Strümpfen definiert sich durch die Auswahl, da es die Haltbarkeit nicht sein kann, ein treffendes Match macht das Outfit und auch den Gang einer Frau schöner.
- Eine edle Farbwahl verbindet Rocksaum und Schuh und sorgt für einen harmonischen Übergang.
- Je kräftiger das Bein, desto dunkler und matter der Strumpf.
- Je leichter der Oberstoff, desto heller darf die Strumpffarbe sein.
- Baumwollstrümpfe, zum Beispiel für Herren, sollten aus fairem Handel kommen.

Die Qualitätsfrage beim Kauf von Accessoires und Statussymbolen

Für den raffinierten statt protzigen Einsatz von Accessoires und Statussymbolen sollte man sich aus der Perspektive Dritter sehen. Dabei sind die zentralen Fragen: Was kommt beim anderen an? Und wie? Denn mit der Sprache der Symbolik ist es wie mit einem guten Verkauf: Nicht das Angebot zählt, sondern das Bedürfnis des Empfängers.

Ich durfte einmal den Geschäftsführer eines Schweizer Nobelgeschäftes für Uhren und Schmuck beim Einkauf auf der Messe *Baselworld* begleiten. Er trug einen kleinen Koffer bei sich, aus dem er für den Besuch jedes Messestandes die dazugehörige Uhr zauberte, die er anzog. Eine *Cartier* bei *Cartier*, eine *Rolex* am dortigen Stand, eine *Breguet* an dem des damals noch lebenden Uhrenunternehmers Nicolas Hayek, zu dem außer *Swatch* auch diese Marke gehörte. Das war Empfängerbezug in voller Konsequenz.

Wenn wir Brillen, Uhren, Schmuck und andere Accessoires einsetzen, sollten wir also nicht nur überlegen, was zu uns passt, sondern auch, was der andere darin sieht. (Das gilt übrigens auch für Schreibgeräte.) Manche Vertriebsleute oder Unternehmensberater:innen fahren beispielsweise in viel zu teuren Autos und sichtbar kostspieligen Uhren am Handgelenk bei bodenständigen Kund:innen vor – und wundern sich, wenn sie dort auf Ablehnung treffen. Die richtige Dosierung verlangt Sensibilität.

Entsprechend lautet die Qualitätsfrage:
Will ich Geld oder Wert vermitteln? Und welcher Wert wird damit verbunden?

Geht es mir also eher um Status oder das Bekenntnis, dass ich Wert auf Qualität und Schönheit lege? Und was sage ich damit über mich aus?

Trotzdem muss – und sollte – sich niemand dafür entschuldigen müssen, dass er oder sie schöne Dinge liebt und sich mit ihnen umgibt. Denn die Sensibilität verlangt nichts weiter als den Verzicht auf Angeberei, der nicht schwerfällt, wenn man anderen Menschen grundsätzlich auf Augenhöhe begegnet – egal, wie viel oder wenig sie besitzen. Höflichkeit heißt, die oder den anderen zu sehen.

Um Produktqualität bei Uhren und Schmuck zu erkennen, ist der genaue Blick ein guter Wegweiser, wenn es sein muss mit einer Lupe. Dabei muss handwerkliche Güte nicht protzig aussehen, im Gegenteil: Eine teure Uhr trägt nicht auf. Zeitlos-schöne Stücke sind überdies perfekte *Second Hand*-Käufe, und auch das Gewicht vermittelt Wertigkeit. Besonders der Kauf einer Brille verlangt Sorgfalt in der Auswahl und sollte neben dem Aus-Sehen auch dem Sehen gerecht werden: Die Aufnahme der individuellen Daten und die Kontrolle der Einstellungen kann nur Fachpersonal leisten. All diese Parameter – Qualität, Gewicht und Ergonomie sowie die fachliche (optometrische) Beratung – lassen sich per Mausklick nicht erfahren – schon gar nicht, wenn wir darüber hinaus auf das Gesamtbild der Erscheinung und unser Image Wert legen. „Maß“ ist immer eine Sache von Person zu Person, und was kann noch mehr Maßarbeit sein als eine maßgeschliffene Brille?

Das Internet ist aber eine unschätzbare Quelle für jede:n, der oder die zum Beispiel beim Uhrenkauf auf die Marke (und die Geldanlage) setzt und spezielle Modelle mit limitierter Auflage sucht. Hier geht es eher um den virtuellen Produktwert als den materiellen, was aber ein eigener Markt ist, der mit der erkennbaren Verarbeitung nicht oder kaum verbunden ist.

Lieblingsstrümpfe sind dafür ein Artikel, für den niemand mehr das Haus verlassen muss – es sei denn, Sie suchen etwas Neues, Anderes, Besonderes. Dann rutschen Passform und Style wieder auf die Top-Liste beim Einkauf.

Industriedesigner Sam Hecht, der von Möbeln bis Elektronik so ziemlich alles entwirft und einige internationale *Awards* gewonnen hat, beschreibt seine Beziehung zur Nachhaltigkeit im Herbst-Winter-Magazin 2022 des Komsumgüter-Brokers Miles & More so:

„I use the term synonymously with longevity. I feel a great sense of responsibility to stay as far away from the throwaway mentality as possible with my work – and to keep people away from it as well. – Ich benutze den Begriff (der Nachhaltigkeit) synonym zu Langlebigkeit und spüre ein hohes Maß an Verantwortung, der Wegwerfmentalität mit meiner Arbeit so fern wie möglich zu bleiben – und Menschen ebenso davon fernzuhalten."

Wirklich durchdachtes Design bleibe unaufdringlich und ruhig, so Sam Hecht weiter im Interview, damit der Überdruss gar nicht erst eintrete: *„Sie können zu einem Teil des eigenen Lebens werden, den man schlicht nicht ersetzen möchte – wie gute Freundschaften. ... Zudem ist die Qualität so hoch, dass diese Dinge weder echten Schaden nehmen noch weggeworfen werden müssen."*

Er artikuliert damit, was uns gerade beim Erwerb von Statussymbolen bewegt: Sie sind für Menschen gemacht – und nicht für vorübergehende Zeiträume. Und das kann auch auf Lederwaren zutreffen.

Schuhe, Taschen, Leder & Co.

Schuhe

Das Gute gleich zu Beginn: Sie können die Rentabilität Ihrer Schuh-Ausgaben selbst steuern, indem Sie Schuhe aussuchen, die Ihnen passen. Die Ausgabe für einen in jeder Hinsicht gefälligen Schuh dividiert sich durch die höhere Anzahl der Gelegenheiten, zu denen Sie ihn tragen, auf einen viel geringeren Betrag pro Einsatz herunter, während die *Schrankleiche* außer Kosten und Schmerzen nicht viel bringt. Das klingt banal – wie so oft aber kommt die Qualität des Produktes auch hier erst durch die richtige Auswahl und Anwendung buchstäblich zum Tragen. Denn auch beim Schuhwerk ist die Passform das A und O.

Ein 2015 vom Deutschen Schuhinstitut (DSI) und dem Bundesverband der Schuh- und Lederwarenindustrie HDS/L herausgegebener Fußreport auf Basis der Vermessung an 3398 Frauen und 1585 Männern belegt, dass 82 Prozent der Deutschen Schuhe tragen, die zu lang, zu kurz, zu weit oder zu schmal sind – mit zwei Dritteln mehrheitlich zu lang und zu weit. Ob es an der Beliebtheit der manchmal strumpfartigen Gebilde in der Damenmode (durch die wir uns an Weite gewöhnen) oder aber an der Vorliebe von Männern liegt, Schuhe mit mehr Länge und Weite auszuwählen (laut Studie immerhin 75 % der Männer):

Inzwischen haben 60 % der Menschen in Industriestaaten Fußprobleme, wobei aber 98 % mit gesunden Füßen zur Welt kommen. Dazwischen können wir demnach viel falsch machen – aber auch viel richtig.

Sind wir allesamt Mode-Opfer? Ein modischer oder zumindest dem Standard angepasster Look kommt im Konsumverhalten offenbar noch immer vor dem eigenen Wohlbefinden – und das im Selfie-Zeitalter, wo das Ego eine Rolle spielt. Aber nicht umsonst werden Schuhverkäufer:innen im Handel immer schlechter ausgebildet und unterliegen einer hohen Fluktuation, denn Fachpersonal wird heute kaum noch genug geschätzt – leider. Dabei ist das über Jahre oft selbst erworbene Wissen Gold wert: Auch hier sollten wir in Gedanken umparken. Die Mode hat die Qualität gerade im Fach „Schuh" schon längst überholt.

Die Parameter für einen gut sitzenden Schuh – und wir reden hier nicht von unattraktiven Gesundheitsmodellen der 80er Jahre – sind:

- Die Länge hat eine Zugabe zur nackten Fußlänge, weil sich der Fuß im Abrollen dehnt.
- Die Sohle erlaubt ein Abrollen.
- Er gibt Halt an der Ferse und der schmalen Fußmitte.
- Die Breite entspricht der Fußbreite des Ballens, damit nichts drückt.

Halt sorgt auch für Haltung, und Schuhe, die diese Punkte erfüllen, dürfen sogar höhere Absätze haben. Achten Sie aber bitte darauf, dass Ihre Fußmuskulatur, die ja die Knochen hält, ausreichend trainiert ist. Gerade bei zu bequem, also zu lang oder breit gewählten Schuhen, krampfen die Zehen, um Halt zu finden. Übrigens ein Fehler, den viele Befürworter von Gesundheitsschuhen machen – und auch bei den beliebten Sneakers kann es dazu kommen: Die Zehen sind gekrümmt und / oder der Fuß breit getreten, weil nichts ihn stützt. Umgekehrt lässt der zu kurze Schuh den Fuß in die Breite- (Hallux-Valgus-) Falle tappen. Mit diesem Anspruch an die Passform wird der Schuh definitiv zu einem Produkt, das nicht in den Online-Handel gehört, es sei denn, wir kennen unsere genauen Längen- und Breitenangaben und den Warenausfall beim Anbieter unserer Wahl. Eine Schuhgröße kann nämlich schon innerhalb einer Marke im Ausfall variieren, weshalb wir von einem Modell vielleicht diese Größe brauchen, um uns wohlzufühlen – und von einem anderen jene halbe Nummer größer oder kleiner.

Auch wenn ich dem Online-Handel hiermit auf die Füße treten dürfte: Nur, wenn Sie bei einer Marke Ihre persönliche und selbst getestete Wohlfühl-Passform mit Fokus auf langfristig gesunde Füße gefunden haben, können Sie auch online bestellen – vorher nicht. Denn umfangreiche Auswahlsendungen und -rücksendungen bringen wieder Lieferdienste auf die Straße und belasten damit die Umwelt. (Und die Lieferung durch Drohnen ist noch nicht ausdiskutiert, schon allein wegen des Datenschutzes: Sie nutzen nämlich Kameras und GPS, um die Wohnungen zu finden.)

Allein der Begriff „Schuhwerk" orientiert sich am guten alten Handwerk, welches ein Qualitätsbegriff für gut gemachte Produkte auf der Basis eines entsprechenden handwerklichen Könnens ist. Schuhe sind für einen eleganten Gang und damit für eine Ausstrahlung von Vitalität unerlässlich. Es gibt Schuhe zum Stehen, Gehen, Laufen oder Gutaussehen.

Der sogenannte Leisten, eine Art Modellfuß, gibt die Form von Sohle und Schuhoberteil vor, und im Leisten ist auch bereits die Fußproportion definiert, auf welcher Höhe der Fußlänge die breiteste Stelle für den Ballen vorgesehen ist. Manchmal ist der Schuh nicht zu schmal, sondern hat lediglich die Ballenbreite an einer anderen Stelle als der Fuß selbst.

Außerdem muss das Abrollverhalten des Fußes bei den jeweiligen Absatzhöhen je nach Modell berücksichtigt werden. Einen guten Leisten mit hoher Passform und Materialqualität zu entwickeln, der sich unter Belastung nicht verzieht, kostet Geld und Zeit und ist damit ein echtes Qualitätskriterium für Schuhe. Wer also billig produzieren will, wird als Erstes an den Entwicklungskosten für den Leisten sparen. Seien Sie also besonders wählerisch in Sachen Passform, Statik und Abrollverhalten.

Am Beginn einer Kaufentscheidung sollten folgende Fragen stehen:
- Priorität: Passt und sitzt der Schuh?
- Habe ich überhaupt Gelegenheiten, ihn zu tragen?
- Sind Material und Gewicht richtig für meine Absicht?
- Passt er zu meiner Garderobe – oder muss ich neue Teile anschaffen, um ihn kombinieren zu können?
- Habe ich einen schönen Gang darin?
- Fühle ich mich damit wohl?
- Wie pflege und erhalte ich den Schuh?

Gelungen ist der Schuhkauf, wenn das Modell mit der Garderobe voll kompatibel ist und sich auch am Tagesende noch gut anfühlt.

Schuhe, die man beim Betreten der Wohnung als Erstes wegen Schmerzen ausziehen muss, sind die falsche Wahl.

Das Material sollte (bei Leder) beim Anprobieren warm werden, erst dann können wir unser Wohlbefinden live einschätzen. Darum sollten Sie die Fußbekleidung Ihrer engeren Wahl im Laden etwa zehn Minuten anbehalten und entsprechend Zeit für den Schuheinkauf einplanen.

Ein extraweiches Innenleder, besonders weiche Vorder- und Fersenkappen und – bei vielen Modellen – ein orthopädisches Fußbett mit gepolsterter Fuß- und Gelenkstütze sowie Fersendämpfung sind übrigens Eigenschaften, die wir bei Tanzschuhen finden. Da der Absatz perfekt unter dem Schwerpunkt des Körpergewichts platziert ist, haben wir darin einen sicheren Stand und eine gute, souveräne Körperhaltung. Diese Abstimmung von Schuh und Absatzhöhe, die einen guten Auftritt erlauben muss, nennt man auch „Sprengung". Sie gehört zur beschriebenen aufwändigen Entwicklung des Leistens. Der schöne Gang in *High Heels* hat neben der nötigen Übung übrigens maßgeblich damit zu tun, ob der Schuh an der Ferse gut sitzt und Halt bietet. Und es ist nicht zu leugnen, dass der hochgesprengte Pumps, also der *High Heel*, Männerblicke auf sich zieht ... jedenfalls dann, wenn die Frau darin gehen kann. Böse Zungen behaupten ja, dass der Gang in hohen Schuhen etwas Hilfloses bekomme, was wiederum den Beschützerinstinkt im Mann wecke ... ein Gedanke, der Gleichberechtigung und angestrebter Augenhöhe komplett widerspricht. Dennoch gibt es Menschen, die in hohen Schuhen sehr souverän unterwegs sind und sich dabei auch wohlfühlen.

Am Abend getragen, haben die erwähnten Tanzschuhe sogar eine Art Akku-Effekt, der einem auch nach einem harten Tag wieder Energie und Motivation gibt: Die Sohle ist elastisch und nicht nur längs, sondern auch diagonal drehbar. Businesstauglich sind sie bisher nur deshalb nicht, weil die durchlässige Chromledersohle, die beim Tanzen auf tauglichem Boden für schöne Drehmomente sorgt, für die Straße nicht geeignet ist und sofort aufweichen würde, wenn sie mit Feuchtigkeit wie Regen in Berührung kommt. Als *In-*

door-Schuh ist das aber eine elegante, bequeme und ergonomische Lösung, die noch dazu mit überschaubaren Kosten verbunden ist. Verhandeln fällt Frauen im Business eben leichter und Erfolge sind einfach schöner, wenn die Füße dabei nicht schmerzen!

Relevant für den Herstellungspreis sind der Aufwand der Verarbeitung, Verzierungen und Details, außerdem die Lederqualität, deren Größe und Partie (welche den *Verschnitt* beeinflusst). Geschnitten wird aus dem Kernstück des Fells, die Seitenteile – die sogenannten Flanken – eignen sich nur für kleinteilige Schuhe wie zum Beispiel Sandalen. Im Vergleich zwischen Leder und Synthetik sollte man außerdem wissen, dass Leder einzeln gestanzt werden muss, während sich synthetische Materialien in mehreren Lagen übereinanderschichten und maschinell zuschneiden lassen. Das erhöht die Effizienz. Damit ist ein Lederschuh automatisch nicht nur vom Grundmaterial, sondern auch vom Verfahren her wertvoller.

Sie fragen sich vielleicht, warum ich hier nicht besonders auf Schuhe aus anderen Materialien eingehe: Von der Atmungsaktivität und dem Fußklima her gelten hier die gleichen Erfahrungen wie bei vollsynthetischer Kleidung. Deshalb gibt es ja auch Schuhe, „die atmen", die Fasertechnologie macht es möglich. Wir müssen selbst entscheiden, wie wohl wir uns jeweils fühlen. (Auf die Haltung zu „Leder oder nicht" gehe ich im nächsten Kapitel ein.) Die Anforderungen an die Fußergonomie sind auch bei alternativen Obermaterialien nicht anders als bei Leder.

Es werden überwiegend Stücke vom Rind oder (weichere) vom Kalb eingesetzt. Wild- oder Velourlederschuhe tragen die aufgeraute Innen- (Fleisch-) Seite des Leders nach außen und sind entsprechend softer in der Optik und empfindlicher. Hierfür gibt es eigene Schuhpflegemittel.

Daher ein paar Worte zur Schuhpflege: Durch fachmännische Behandlung bekommt das *Stiefkind Stiefel* einen Ausdruck, den nur ein getragener und gepflegter Lederschuh haben kann. Sein Glanz überträgt sich auf die gesamte Erscheinung, hebt das Selbstbewusstsein und beschwingt den Gang.

Ihre Kleidung kann noch so gepflegt sein, wenn Ihre Schuhe es nicht auch sind. Die Schuhe gehören zu einem gepflegten Auftritt unbedingt dazu. Viele Menschen pflegen zwar das Oberleder – aber die genähten Rahmen werden nicht mitgereinigt, die Absätze zu spät neu besohlt etc. Schuhpflege ist eine eigene Kunst und das i-Tüpfelchen einer gepflegten Erscheinung.

In Deutschland ist Schuhpflege eher eine trübe Angelegenheit, die selten für den Besitzer des Schuhwerks spricht. Das wird im Kontrast zu anderen Ländern, in denen sie selbstverständlicher Teil der Kleiderkultur ist, überdeutlich. In Istanbul zum Beispiel gehören Schuhputzer zum Straßenbild. Statt *Statement-Pieces*, also auffällige Schmuckteile oder Accessoires, zu kaufen, sollte mancher vielleicht einfach nur seine Schuhe fachmännisch reinigen oder reinigen lassen. So schreibt auch *Shoe Shine Coach* Torsten Dickmann: „Die Pflege hochwertigen Schuhwerks ist Vertrauenssache. Schließlich ist gepflegtes Schuhwerk ein Statement. Ein Bekenntnis zu Achtsamkeit und Lust am Werterhalt."

„Ein Meister, der sie fertigt. Ein Kenner, der sie trägt." Modelle aus so einem Produzenten-Kundenverhältnis sind keine Verschleiß- und schon gar keine Modeartikel, sondern eine Grundhaltung:

Die Qualität trifft eine Aussage über seine:n Träger:in.

Zweitbesitz, also Schuhe aus zweiter Hand, sind dagegen für viele von uns undenkbar – schon allein, weil der Schuh ganz auf Gang, Statik und Abrollverhalten des Erstbesitzers „eingetragen" ist. Ein Schuh erzählt schließlich eine Geschichte über seinen Träger. Die Art seiner Falten verrät zum Beispiel einen Spreiz-, Knick- oder Senkfuß und macht Belastungsgewohnheiten sichtbar, etwa, ob ein Schuhträger mehr auf dem Vorderfuß oder mit Betonung des Hackens geht.

Aus hygienischen Gründen sollten *Second Hand*-Schuhe – wenn man sich dennoch auf sie einlässt – gründlich gereinigt und desinfiziert sein: Einige Schuhmacher oder Orthopädiegeschäfte haben noch Automaten, die durch den Austausch von Silber-Ionen reinigen. Sonst gibt es Desinfektionssprays im Fachhandel. Genauso nachhaltig – und vom Gedanken her sympathischer als der Erwerb gebrauchter Schuhe – ist es, hochwertige eigene Schuhe gut zu behandeln und entsprechend lange zu tragen. Leder ist ein atmendes Material, eine Haut, die zwischendurch ruhen möchte. Deshalb tragen Sie Ihre Lieblingsschuhe nur maximal jeden zweiten Tag und lassen sie dazwischen auf Schuhspannern ruhen, die möglichst aus atmungsaktivem Holz sind und für Belüftung sorgen. Außerdem will Leder nach Bedarf von Staub befreit und durch passende Pflege geschmeidig gehalten werden.

So gepflegt kann die Fußbekleidung nach ein paar Jahren sogar ein zweites Leben bekommen: Nach Einschätzung eines Schuhmachermeisters kann eine professionelle Überarbeitung abgetragenes, aber grundsätzlich gepflegtes Schuhwerk so neu aussehen lassen „wie vier Wochen nach dem Kauf".

Erwartungen an Schuhe:

- Ausdruck des Status (insbesondere Männer im Business)
- modische / zeitgemäße Aussage oder sogar *High Fashion*
- ein elastischer Gang ... hoffentlich
- Tragekomfort und Halt
- Schuhklima, besonders für Veganer wichtig
- gute Pflegeeigenschaften

Außerdem spielt der Einsatz der besten technischen Möglichkeiten für eine umweltverträgliche Produktion für immer mehr von uns eine Rolle. Mehr dazu auch im nächsten Kapitel über Taschen. An dieser Stelle noch ein paar Hinweise für den Kauf von Gürteln, die ja vielfach ebenfalls aus Leder sind: Die Erscheinung wirkt geschlossener und stimmig, wenn Schuhe und Gürtel aufeinander abgestimmt (nicht zwingend identisch in der Farbe) sind. Eine geringere Gürtellänge erlaubt auch hellere Nuancen, zum Beispiel sieht es schön aus, eine mit hellem Kontrastgarn abgestimmte Jeans mit einem helleren Ledergürtel in einem ähnlichen Ton zu kombinieren.

Der Gürtel sollte immer lang genug sein, damit man ihn niemals im äußersten Loch schließen muss, sondern besser im zweiten von innen, also der zweitengsten Einstellung. Das suggeriert, dass man schlank ist. Stilvoll ist es auch, wenn das Metall der Schnalle in Farbe, Oberfläche (matt, satiniert oder glänzend) und Form (abgerundet oder eckig) zum übrigen Styling und zur Körperlinie passt: Zu einem gerade gebauten, markanten Körperbau passen eckige Schließen besser, zu einer geschwungenen Körperlinie weiche Formen.

- Die Passform gibt den eigentlichen Ausschlag! Beim Hineinschlüpfen in einen geschlossenen Schuh sollte ein puffendes Geräusch durch das Entweichen der Luft entstehen beziehungsweise spürbar sein. Wenn es ausbleibt, ist der Schuh entweder zu groß oder weit – oder aber zu klein. Wir müssen ein Gefühl für den Schuh und in dem Schuh bekommen.

- Das puffende Geräusch entsteht allerdings nicht bei Mokassins oder Sandalen.

- Nähte halten, wenn das Garn richtig ausgewählt wurde.

- Eine gute Schuhberatung kennt die unterschiedlichen Materialien und ihre Vorzüge, hat sich mit Fußanatomie befasst und kann entsprechend auch hinsichtlich der Passform beraten.

- Sie kann die verschiedenen Grund-Macharten von Mokassin über die geklebte Ago-Machart oder die angespritzte Sohle, die wir bei Wanderschuhen oder preisgünstigen Herren- oder Kinderschuhen finden, bis hin zu rahmengenähten Schuhen oder Werken aus Handarbeit erklären.

- Der Internetkauf ist nur dann eine Alternative, wenn wir unsere Marke und Größe – somit den Leisten – gut kennen.

Taschen

Die Grundsatzfrage „Leder oder nicht" muss jeder für sich beantworten, weil so viele Überlegungen damit verbunden sind. Manche:r lehnt das Töten von Tieren grundsätzlich ab und wird neben dem Konsum von Fleisch konsequenterweise auch auf Lederwaren verzichten. Der oder die nächste möchte das Töten von Krokodilen oder Schlangen um des Leders willen nicht unterstützen, hat aber kein Problem mit der Weiterverwendung von Kuhfellen, die aus der Schlachtung für den Fleischmarkt abfallen. Eine dritte Person fragt sich allenfalls, warum die Felle in China verarbeitet werden müssen – wenn es doch die meisten Kühe in Nordeuropa gibt?

Andererseits kann Leder bei guter Pflege ein Leben lang halten und ist damit wesentlich umweltverträglicher als Produkte mit einer kurzen Haltbarkeitsdauer.

Für die Wahl des Ursprungslandes spielt sicherlich auch die Überlegung eine Rolle, unter welchen Bedingungen in welchem Land gegerbt wird. Denn wo der Arbeitsschutz großgeschrieben wird, gehören Abscheidanlagen für die Abfallstoffe des Gerbens dazu – und die kosten Geld. Um diese Kosten zu sparen, wurde der Gerbprozess in den letzten Jahrzehnten vielfach in Länder verlegt, in denen die Leute „barfuß in der giftigen Gerbbrühe" stehen, wie in Medienberichten plastisch geschildert wird. Auch damit leben wir auf Kosten anderer. Weltweit gibt es übrigens inzwischen nur noch drei Schulen für das Gerberhandwerk.

Der Ruf nach ökologisch unbedenklicher Entstehung und *Fair Trade* ist laut geworden, insbesondere in der Modebranche – dabei würde es schon viel bringen, Abfallprodukte aus Produktionsprozessen sauber zu entsorgen und die technischen Möglichkeiten einfach anzuwenden, statt sie zu umgehen. Auch ohne Bio-Label.

Der radikale Tierschützer wiederum muss sich um die Gerbbrühe weniger Gedanken machen – dafür aber um die Abfallstoffe aus der Herstellung synthetischer Materialien und die höhere Lebensdauer eines Schuhs aus Leder im Vergleich zu einem anderen, der schneller kaputtgeht, öfter ersetzt werden muss und allein deshalb vergleichsweise mehr Abfallstoffe produziert.

Noch etwas anderes unterscheidet die Generationen und die Geister: Die notwendige Information, Qualität einschätzen zu können. Selbst manche Prominente wollen kein „Laufsteg der Marken“ mehr sein, weil sie verstanden haben, dass eine Marke kein Qualitätskriterium mehr ist. Es ist schon vorgekommen, dass Farbe abplatzte, obwohl die It-Bag aus der Nobelboutique einen vierstelligen Betrag gekostet hat. Ganz zu schweigen von der Herren-Handtasche, die wiederbelebt und Äonen vom peinlichen Spielzeug der 70er Jahre entfernt, so manchem High-Fashion-Typen als Sommerliebe 2022 diente und ebenfalls vierstellige Beträge erzielen konnte, sobald sie ein Nobel-Label trug.

Bei der Handtasche spaltet sich die Klientel in vier (oder mehr) Lager mit entsprechenden Ansprüchen an die Produktqualität.

- Die Trendorientierten, die immer das Neueste suchen, die sogenannte It-Bag. Die künstlich *gepushte* Begehrlichkeit des Artikels lässt die Verarbeitungsqualität hinter seiner Aktualität zurückstehen und macht oft blind für Fragen nach der Herkunft der Ware, die hier keine Rolle spielt.

- Die Stilorientierten, die zu verschiedenen, selbst zusammengestellten Looks jeweils die ideale Handtasche haben und in der Regel viele Modelle besitzen. Hier treffen Vielfalt und Treue aufeinander, und die Qualität ist je nach Budget durchaus relevant. Die Optik wird allerdings meist höher bewertet als die Herkunft der Tasche.

- Die Treuen, die meistens je eine Sommer- und eine Winterhandtasche besitzen und diese manchmal jahrelang tragen. Die hohe Identifikation mit dem Produkt und die lange Lebensdauer bringen ein starkes Interesse an allen Produktkomponenten mit. Der Qualitätsanspruch steht hier an oberster Stelle.

- Die Verweigerer, also Frauen, die aus praktischen Überlegungen (oder aus Unsicherheit) lieber Rucksack oder Parka-Taschen nutzen und Handtaschen nichts abgewinnen können.

Der Wert einer Tasche erklärt sich – neben dem It-Faktor – aus der mehr oder weniger professionellen Täschner-Arbeit (Verarbeitungsqualität), dem Herstellungsort (*made in Germany* versus ...) und dem verwendeten Material (Herkunft). Würden im Ausland, vor allem jedoch in Asien, die gleichen Modalitäten bezüglich Arbeitsschutzmaßnahmen, Entlohnung, Krankenversicherung etc. wie in Deutschland gelten – Umstände, die wir als Arbeitnehmer:innen als selbstverständlich voraussetzen –, wären die Fertigungspreise gleichzusetzen. Eine Tasche aus Einzelanfertigung per Hand ist im Endpreis genauso teuer wie eine der gehobenen Marken, nur steckt hier der größte Teil des Preises in der Produktqualität. Einzelteil statt Massenware ... ein Trüffel unter den Taschen: In den 60er Jahren haben in der Lederwarenindustrie in Deutschland noch über 60 000 Menschen gearbeitet, heute sind es nur noch eine Handvoll, Fachkräftemangel auch hier.

Feintäschner-Arbeit erkennen wir etwa an den Kanten: Sind sie eingeschlagen, ist das natürlich erheblich anspruchsvoller als die oft gesehene offene Kante: Das Material muss großzügiger zugeschnitten werden, und alle zu verbindenden Kanten werden an den späteren Nahtstellen mit viel Präzision und Zeitaufwand ausgedünnt. Es ist keine Frage, dass die eingeschlagenen Kanten auch viel langlebiger sind als die eingefärbten offenen.

Schön ist übrigens, wenn das Leder der Handtasche – geschmeidig oder eckig verarbeitet – mit dem Körper und seinen Bewegungen harmoniert. Solche Details in der stilistischen Auswahl machen den Auftritt schön.

Erwartungen an Taschen:
- modische Aussage je nach Typ
- Innenausstattung / Zahl der Innentaschen
- ein fusselabweisendes Innenfutter

- zum Bedarf passendes Volumen
- gute Verarbeitung
- faire Produktion

- Verarbeitung, Material und Herkunft bestimmen den materiellen Wert – den ideellen bestimmt der Modemarkt.

- Der Kniff mit der Kante ist ein Hinweis auf Feintäschner-Arbeit.

- Weitere Qualitätsindikatoren sind gerade Nähte, hochwertige Reißverschlüsse und Furnituren wie Karabiner oder Verschlüsse.

- Velourfutter muss kurzgeschoren sein, um nicht jede Fluse und jeden Krümel anzuziehen.

- Leder spricht für Langlebigkeit, ist sinnlich und natürlich.

- Gegerbte Ware erkennen wir an der Durchfärbung (innen und außen die gleiche Farbe).

- Gefärbte Waren sind oberflächenbeschichtet.

- Leder und Kunstleder (Imitate) unterscheiden sich in der Oberflächenbeschaffenheit, Haptik und Materialstärke. Ein gutes Leder sollte eine gut sichtbare Narbung haben. Leder ist auf jeden Fall schwerer als Kunstleder und weicher im Griff, außerdem duftet es.

Reisegepäck

Reisen und die Welt zu sehen gehören zu den emotionalsten Momenten im Leben. Reisen bildet. Es erweitert den Horizont und die Persönlichkeit und wird damit Teil des persönlichen Wachstums. Und weil schon die Menschen, mit denen man auf Reisen geht, viel – oft auch beruflich – mit einem zu tun haben, kommt auch dem mitreisenden Koffer eine besondere Rolle zu. Als es noch Postkutschen gab, waren die Kofferdeckel übrigens gerundet, damit der Regen ablaufen konnte, wenn sie auf das Dach geschnallt waren. Erst mit der Bahn als Reisemöglichkeit und der damit verbundenen Notwendigkeit, Gepäck effizienter stapeln zu können, bekamen Koffer ihre heutige eckige Form.

Ich selbst liebe meine große, überhaupt nicht eckige Reisetasche, die seit mehr als zwei Jahrzehnten hält und hält und auf dem Gepäckband immer schon von Weitem erkennbar ist, weil außer mir niemand so eine hat. Sie ist genauso leicht und mit Rollen versehen wie viele modernere Gepäckstücke, nur hat sie jeder Neuanschaffung unzählige Reisekilometer und persönliche Erlebnisse voraus. Auch sie kann Geschichten erzählen.

Für viele Reisende ist es frustrierend, am Gepäckband zu stehen und den eigenen Koffer mit einem bunten Bändel umwickeln zu müssen, weil er aussieht wie der von zig anderen, die dem gleichen Trend gefolgt sind. Die Modefarben und neuerdings -muster mancher Ultraleichtkoffer machen zudem ihr Kaufdatum identifizierbar – wer sich auskennt und die Trends verfolgt. Im Zuge der Individualisierung wäre es sicherlich auch eine Idee, das Design eines neuen Koffers über ein *„design your personal suitcase“*-Tool selbst gestalten zu können und ein individualisiertes Unikat, etwa mit einem persönlichen Urlaubsfoto, ausgeliefert zu bekommen.

Gerade bei diesen Produkten aus hochsynthetischen Stoffen stellt sich aber natürlich die Frage der Nachhaltigkeit und Umweltverantwortung. Ein Koffer, der lange hält, schont die Umwelt naturgemäß eher als einer, dessen früher Verschleiß einen baldigen Neukauf verlangt. Oder auch ein *second hand* erworbenes Luxusprodukt mit im Stoff eingewebtem Markennamen: Hier sorgt nicht die Herstellung für Nachhaltigkeit, sondern die Wiederverkäuflichkeit. Bei Koffern aus vollsynthetischen Stoffen ist billig dagegen wie so oft die teure Lösung – wenn sie nämlich nicht nur den Geldbeutel durch eine kurze Lebensdauer, sondern auch die Umwelt belasten. Man kann nicht von jedem Reisegepäck erwarten, dass es hält wie die oben erwähnte Soft-Reisetasche mit Rollen, die mich nicht zuletzt das knitterfreie Packen lehrte, das ich heute in Seminaren vermittle.

Als überwiegend funktionales Produkt ist Reisegepäck ein Zielkauf: Hier werden wir weniger verführt als dass wir logisch abwägen und uns vorher überlegen sollten, ob wir in diesem Segment *Preiskäufer:innen*, *Qualitätskäufer:innen* oder *Luxuskäufer:innen* sein wollen. Für einen Luxuskauf im Premiumbereich geben wir auch mal mehr aus.

Vom Material her ist auch Weichgepäck fast unzerstörbar, lediglich die Räder, Gestänge und Reißverschlüsse verschleißen. Dafür kann man die Lebensdauer durch die Reparatur mit Ersatzteilen durchaus verlängern – wenn man sich für ein Markenprodukt mit Händler- und Reparatur-Netzwerk entschieden hat.

Auch Hartschalenkoffer aus Polypropylen halten eigentlich ewig, nur werden sie nicht selten aus optischen Gründen ausrangiert, oder weil es Neues am Markt gibt. Die frühere Faustregel, dass ein Koffer etwa sieben Jahre bei uns Konsumenten bleibt, hat sich heute leider auf eher drei bis fünf Jahre gesenkt. Dazu kommen der Mehrbedarf an Gepäck für Kurz- und Wochenendreisen sowie für prestigeträchtige Business-Trips.

Was können wir von einem „guten Koffer“ oder von Reisegepäck erwarten?

Erwartungen an Reisegepäck:

- Handgepäck: konform mit aktuellen Größenvorgaben von Fluggesellschaften
- angemessene Haltbarkeit und schöne, optisch ansprechende Verarbeitung
- bei Markenprodukten: Händler- und Reparaturnetzwerk
- (einbruch-) sicher verschließbar

- (ultra)leicht
- stoßfest
- hohes Ladevolumen
- mit Rollen
- individuell

- Qualität erkennen wir an den Nähten und der einheitlichen Montage von den Gehäusen der Rollen.

- Da die Verwendung von synthetischen Stoffen ein Tribut an die Leichtigkeit ist, aber die Umwelt stärker belastet, sollten wir Reisegepäck maximal möglich in Gebrauch haben.

- Markenhersteller erfüllen bestimmte Standards wie beispielsweise die europäische Chemikalien-Verordnung REACH (Registration, Evaluation, Authorisation and Restriction of Chemicals) per Zertifikat.

- Farben oder bunte Anhänger schützen vor Verwechslung am Gepäckband.

- Die Größe wird so gewählt, dass der individuell übliche Reisebedarf nicht im Koffer herumrutscht oder gepresst werden muss.

- Wer sein Reisegepäck kennt, kann leichter absehen, wie viel Gewicht es nach dem Packen auf die Waage bringt. Bei den Aufpreisen für Übergepäck der Fluggesellschaften hilft das bei der Einhaltung der Reisekosten.

- Auch bei Reisebegleitern dürfen wir den Wert einer fachlichen Beratung erkennen: Diese in Anspruch zu nehmen, um dann online zu kaufen ist nicht nur nicht fair – sondern bei Reparaturfragen auch peinlich.

Die Qualitätsfrage beim Kauf von Taschen und Lederwaren

Die mit der Fortbewegung verbundenen Accessoires sind ein Statement an sich – egal ob Schuhe oder Koffer. Sie sind die Statussymbole für den genaueren Blick.

Stylish ist nicht, wer den neuesten Schrei spazieren trägt, sondern wer umgedacht hat und seine Sachen pflegt! Ein gut geputzter, hochwertig produzierter Lederschuh beispielsweise signalisiert einerseits den Sinn für Qualität und andererseits die Sorgfalt im Umgang damit. Beides sind sehr begehrte Eigenschaften, die man bei einem Geschäfts- oder Lebenspartner, einer Bewerberin, Chefin oder Kollegin sucht. Es soll sogar eine Frau geben, die sich in ihren Mann beim Anblick seiner „umwerfenden" Schuhe verliebt hat, die so viel über ihn gesagt haben. Der Schuh kann ja trotzdem modisch sein. Denn wir werben ständig für uns, in vielen Momenten unseres Alltags ... nicht nur beim Flirten und Daten.

Eine gepflegte Erscheinung und ihre *Begleiter* machen also attraktiv und erzählen etwas Wesentliches über den Menschen selbst. Wer nicht nur das Vordergründige pflegt, vermittelt, dass hinter der Oberfläche einiges zu erwarten ist.

Bei Schuhen ist *Second Hand* definitiv keine Option, weil jeder Fuß das Leder anders einträgt und die Form des Schuhs prägt – ganz abgesehen von der Hygiene. Koffer und Taschen eignen sich dagegen perfekt für *Second Hand.*

Die Qualitätsfrage beim Kauf der Fortbewegungsbegleiter lautet: *Welche Geschichte erzählt das Teil über mich?*

In der Anschaffung dieser Waren ist der Schwerpunkt der Auswahlkriterien jeweils anders gelagert: Während beim Kauf von Schuhen die Passform an erster Stelle stehen sollte, suchen Sie als *clever consumer* den Koffer mit der obersten Priorität einer guten Verarbeitung aus, die Sie auch bei häufigen Reisen und großer Füllmenge nicht im Stich lässt. Hier sind in erster Linie die Nähte, Reißverschlüsse, Rollen und Gehäuse zu beachten.

Bei Handtaschen als Teil des persönlichen Looks ist die Optik vordergründig: Oberfläche, Haptik und Materialstärke – aber auch Verschlüsse, Details und die Verarbeitung wollen beim Kauf verglichen werden. Dabei sollte der Taschentyp einen Bezug zur Körperlinie haben und die Größe zur Gesamtproportion. Das bedeutet, dass Frauen mit einer femininen, weiblichen Figur eher auf weich verarbeitete Materialien in abgerundeten Formen setzen – gerade gebaute auf fest verarbeitete Formate mit eckigen Konturen und entsprechend geformte Schnallen und Schließen – dann wird unsere Handtasche auch ein „lebendiger" Teil der Erscheinung.

Eine zierliche Frau bevorzugt kleinere Handtaschen, eine hochgewachsene großzügige.

Wenn die eher funktionsbezogene Aktentasche und die persönliche Handtasche aus Leder sein sollen, lohnt sich ein Blick auf die beschriebenen Qualitätsmerkmale der Verarbeitung. Und beide wollen übrigens auch gepflegt werden – dann ist auch die Geschichte, die sie erzählen, eine gute!

Körperpflege und Beauty

Gesichts- und Körperpflege

Die Haut ist unser größtes Organ – nicht nur als Ausscheidungsorgan, sondern ganz besonders auch durch die Fähigkeit, Stoffe aufzunehmen. Die dosierte Gabe von Wirkstoffen durch Pflaster, zum Beispiel als Nikotinpflaster, basiert auf dieser Eigenschaft. Und auch die gesamte Kosmetikindustrie baut darauf auf. Hochwirksame Inhaltsstoffe in wenige und leicht anzuwendende Produkte verpackt: *High Tech* für die Haut hat Hochkonjunktur, und der Markt wächst. Dass ich Beautyprodukte hier ebenfalls behandle, ist einerseits meinem eigenen Lebenslauf mit Stationen als Geschäftsführerin im Einzelhandel (Branchen Mode und Kosmetik) geschuldet als auch meiner Überzeugung: Es gehört einfach dazu, wenn wir uns für guten Stil interessieren.

Der gute Umgang mit dem eigenen Körper verlangt, einen Moment innezuhalten und zu überlegen, welche Stoffe man auf diesem Weg in das eigene System hineinlassen möchte und wie man mit den öffentlich diskutierten Bedenken für sich persönlich umgehen will. Das betrifft gerade unsere Gewohnheitsprodukte.

Ein Beispiel: Es wird ein Zusammenhang zwischen dem Auftreten von Brustkrebs bei Frauen, der zuerst in der Achselregion auftritt, und aluminium-haltigen Deodorants vermutet. Aluminiumsalze haben die Eigenschaft, Poren zu verdichten und das Schwitzen zu mindern. Der gleiche Stoff wird bei langfristiger Einnahme, etwa als Mittel gegen Sodbrennen, übrigens auch mit der Demenzkrankheit Alzheimer in Verbindung gebracht. Jede:r Schulmediziner:in würde einen kausalen Zusammenhang verneinen, sofern keine umfangreichen Studien dies beweisen.

Zu dem Thema gibt es im Netz inzwischen zahlreiche Artikel und Publikationen, die aber Unterschiedliches vermitteln und jede Verantwortung ablehnen, sodass wir User kaum schlauer werden als zuvor. Und während die Forschung, das Suchen nach Beweisen und die Berichterstattung darüber in vollem Gange sind, müssen wir

Verbraucher:innen für uns selbst die Entscheidung fällen. Solange ein Produkt nämlich Umsätze bringt und nicht verboten ist, wird es auch nicht vom Markt genommen.

Schließlich war, als Antitranspirantien in Mode kamen, Aluminium ein unverdächtiger Stoff und seine Wirkung bestechend. Dennoch liegen unser Warenkorb und die Verbrauchsmenge letztlich in unserer eigenen Verantwortung. Ein Ansatz könnte zum Beispiel sein, das infrage stehende Produkt (in diesem Beispiel das Deo) nur für besondere Termine wie Präsentationen einzusetzen und im Alltag etwas Milderes wie ein Deo ohne Aluminium zu verwenden. Wie so oft ist auch hier das Maß entscheidend.

Es gibt sie nicht, die Wundercreme, die alle Hautschichten durchdringt und Fältchen, Falten und Hautunreinheiten verhindert, kein Serum, das schlechte Lebensgewohnheiten unsichtbar macht.

Was bleibt, sind diese Tatsachen: Die Haut hat mehrere Schichten, und eine Creme kann schlichtweg nur die oberste, die Epidermis, durchdringen. Die darunterliegende Dermis und Subcutis, in denen sich Fältchen und Falten manifestieren, bleiben nur durch genügend Flüssigkeitsaufnahme, eine gute Durchblutung und die Bewegung der Gesichtsmuskulatur fit. Dieser Gedanke führt uns direkt zur Idee der Gesichtsgymnastik: Die Haut ist fest mit der Gesichtsmuskulatur verbunden und erschlafft im gleichen Maß wie die Muskeln darunter. Auch das kann eine Creme nicht aufhalten, Muskeltraining aber kann es!

Es gibt verschiedene Methoden aus den USA, England und der Schweiz, die als „Facercise", „Facial Fitness" oder „Facial Exercises" und „Faceforming" angeboten und teilweise kontrovers diskutiert werden. In Internetforen wird beispielsweise bemängelt, dass das Training durch bestimmte Grimassen an anderen Stellen Fältchen und Falten sogar hervorrufen würde, weil jede Kontraktion ein Zusammenschieben von Hautpartien mit sich bringt. Schlauer ist am Ende nur, wer es selbst ausprobiert und die Übungen, die für ihn funktionieren, in den Alltag einbaut und nahezu täglich macht. Dabei gilt auch für die Gesichtsgymnastik die Binsenweisheit, dass weniger manchmal mehr ist.

Würdevolles Altern impliziert eben auch, dass man das, was man hat, im bestmöglichen Zustand erhält. Denn in einer Gesellschaft, die so alt wird wie wir, wird es zur Aufgabe, das Altern auf eine moderne Art zu kultivieren. Vielleicht findet sich hier der Grund, warum alte Damen früher Dutt getragen haben: Das straffe Zurücknehmen der Haare zieht auch die Gesichtsmuskulatur nach oben außen und glättet damit das Gesicht – wie ein Lifting auch. Aber das ist Spekulation.

Bezüglich der Klassifizierung möchte ich an dieser Stelle auf die Definitionen von Natur- und gängiger Kosmetik eingehen:

Kosmetik beschreibt alle Produkte, die innerhalb der EU-Kosmetikverordnung gesetzlich erlaubt sind und deren Bestandsteile vorschriftsmäßig deklariert werden. Sie kann damit eine große Vielfalt an Ingredienzien einsetzen.

Naturnahe Kosmetik verwendet Inhaltsstoffe auf Pflanzenbasis, verzichtet aber auf die Deklaration zertifizierter Naturkosmetik-Labels und entspricht in ihrer Gesamtrezeptur nicht in allen Punkten den strengen Anforderungen der Naturkosmetik.

Naturkosmetik hat dezidierten Standards zu entsprechen: Der Naturkosmetik-Standard verzichtet in Deutschland seit 1998, in der EU seit 2004 gänzlich auf Tierversuche, es gibt aber noch Länder, in denen Tests an Tieren sogar vorgeschrieben sind. Im Dschungel der weltweiten Einfuhr- und Zollbestimmungen können Tierversuche also auch bei diesen Waren nicht ausgeschlossen werden – es sei denn, die Inhaltsstoffe kommen aus Deutschland.

Der Umsatz mit Naturkosmetik in Deutschland ist seit 2014, als die Umsatz-Milliarde geknackt wurde, um fast die Hälfte auf 1,48 Milliarden Euro im Jahr 2021 gestiegen.

Die Einstufung, zu welcher Kosmetikart ein Produkt, eine Serie gehört, stützt sich auf folgende Fragen:

- **Pflanzliche Rohstoffe:** Wo und wie wurden sie gewonnen und kommt das Ausgangsmaterial bestenfalls aus zertifiziert ökologischem Anbau (Naturkosmetik)?

- **Tierische Rohstoffe:** Handelt es sich um von Tieren produzierte Ingredienzien wie Honig oder Milch oder um eine Rohstoffgewinnung nach dem Tod des Tieres wie bei Nerzöl, tierischen Fetten und Collagen?

- **Tierversuche:** Ist auszuschließen, dass im Entwicklungsprozess oder aber in der folgenden Serienherstellung Tierversuche eingesetzt wurden?

- **Mineralische Rohstoffe:** Wurden organisch-synthetische Farbstoffe, synthetische Duftstoffe, Silikone, Paraffine und weitere Erdölprodukte verwendet? Naturkosmetik verzichtet zum Beispiel darauf.

- **Herstellungsprozesse:** In der Naturkosmetik sind neben physikalischen auch enzymatische und mikrobiologische Verfahren, wie sie in der Natur vorkommen, üblich und erlaubt.

- **Herstellungsbedingungen:** Anforderungen an Hygiene, Räumlichkeiten, Ausrüstung, Dokumentation, Kontrolle und Weiterbildung der Mitarbeiter sind auch in den GMP, den *Good Manufacturing Practice*-Regeln, für gute Herstellungspraxis geregelt.

- **Konservierung:** Ist sie synthetisch (Kosmetik) oder naturidentisch wie z.B. Salicylsäure?

- **Riechstoffe:** Sind sie synthetisch oder enthalten die Produkte natürliche Riechstoffe nach ISO Norm 9235?

- **Radioaktive Bestrahlung und Gentechnik:** Ist es möglich oder auszuschließen, dass ionisierende Strahlen und Gentechnik eingesetzt wurden?

Ob Bio oder nicht: Auch kosmetische Produkte sind Trends unterworfen, das zeigen schon die verschiedenen Philosophien im Gesichtspflegemarkt von den Hochleistungs-Seren bis zur Exfoliations-Welle, also das mechanische oder chemische Abtragen abgestorbener Hautschüppchen mit dem Ziel, ein feineres Hautbild und eine bessere Aufnahme aufgetragener Wirkstoffe zu erreichen. Und auch die Geräte-Industrie geht inzwischen auf die Bewegungen im Kosmetikmarkt ein: Wie schon lange für den Wein gibt es heute auch Kühlsysteme für Beautyprodukte beziehungsweise in manchen Kühlschränken ein eigenes Kosmetikfach. Die Philosophien wandeln sich eben mit den neuesten Erkenntnissen der Labore. Dabei empfiehlt sich ein kritischer Blick auf jede Neuerung gerade dann, wenn man eigentlich mit seiner Haut zufrieden ist. Und ist sie unruhig, sollten Sie ruhig auch einmal Ihre Ernährungsgewohnheiten und Ihren Stresspegel überprüfen.

Wie der großzügige Umgang mit Cremes und Lotionen generell eine sinnliche Freude sein kann, ist auch das Probieren neuer Texturen für viele von uns lustvoll. Die Experimentierfreude darf nur nicht in einer Kosmetik-Akne enden: Ich erinnere mich, dass mir als Parfümerie-Verantwortliche in den 90er Jahren – als *Compliance* noch kein Thema und Testprodukte für Verkaufsteams üblich waren – irgendwann keine Stelle an meinem Körper mehr einfiel, wo ich ein neues Produkt hätte testen können. Denn meine Haut ist empfindlich. So musste ich mir, herzblutend, irgendwann eine High-End-Gesichtscreme auf die Füße schmieren, um Konsistenz, Duft und Hautgefühl nach der Anwendung in Erfahrung zu bringen. Jede:r Richtlinien-Verantwortliche in einem Unternehmen würde heute blass bei dem Gedanken.

Häufiger Wechsel von Kosmetika – oder das wilde Kombinieren verschiedener Produktserien im Gesicht, die Sie miteinander aufgetragen – irritiert und verhindert, dass systematisch aufeinander abgestimmte Pflegesysteme überhaupt Wirkung entfalten können. Auch bei der Haut ist weniger manchmal mehr. Für die Gesichtshaut lautet die Empfehlung daher: Gewissenhafte Auswahl mit bester Beratung und systematische Pflege nach Anleitung. Für die Körperpflege: Gut ist, was guttut und unbedenkliche Ingredienzien hat – viele von uns gehen damit nämlich sehr unkritisch um. Dabei sollten Sie ruhig sensibel für Signale werden. Sie brauchen nicht einmal Listen zu studieren, denn wenn ein Inhaltsstoff in die Diskussion gerät, sorgt schon die Konkurrenz dafür, dass die am Leben bleibt, im Fall der Deodorants zum Beispiel durch deutliche Hinweise „ohne Aluminiumsalze“ auf den Verpackungen der Produkte, die darauf verzichten. So etwas ist ein sicheres Indiz dafür, dass es zumindest Verdachtsmomente gibt oder gab.

Erwartungen an Gesichts- und Körperpflege:

- unbedenkliche Inhaltsstoffe
- ein samtiges Hautgefühl ohne Spannen
- auf Wunsch schnelles Einziehen
- samtige Texturen mit angenehmem Duft
- nicht zu viele Tiegel und Töpfe
- Einfachheit in der Anwendung
- bei Bedarf ein Gefühl von Luxus
- Schutz vor Umwelteinflüssen und Sonneneinstrahlung
- eine funktionierende Konservierung, welche die Haut nicht belastet
- langfristiger Effekt: Die Haut sieht dem Alter entsprechend möglichst jung aus

Gerade dem Sonnenschutz kommt bei der Hautpflege besondere Bedeutung zu. Sonnenstrahlung besteht aus kurzwelligen UVB- (wie Braun) und langwelligen UVA- (wie Alt) Strahlen, welche die unter der Oberhaut (Epidermis) liegende Lederhaut (Dermis) erreichen. Als drittes ist noch die Hypodermis (Subcutis) im Spiel ... drei Hebel, um mit der Hautpflege anzusetzen.

Das Insider-Gespräch habe ich mit der Pressesprecherin der Marke Dr. Hauschka der WALA Heilmittel GmbH geführt, deren Gärten ich mehr als einmal besucht habe. Was in Deutschland nicht wächst, wird – so das Label – „aus ökologisch und sozial-ethischen Partnerschaften in der ganzen Welt bezogen.“ Das kostbare Öl der Damaszenerrosen etwa bekäme man unter anderem aus Afghanistan, wo in Kooperation mit der Welthungerhilfe ökologisch verantwortungsvoll wirtschaftende Bauern eine Alternative zum Opium-Anbau erhielten. Das soziale Engagement ist nämlich nicht unwichtig in der Welt der Naturkosmetik.

Und weil das Interesse für nachhaltige und unbedenkliche Pflege wächst, möchte ich die wichtigsten Ingredienzien aus Sicht der Naturkosmetik trotz der epischen Länge für Sie detaillierter erläutern

– ansonsten gehen Sie gerne gleich zur Checkliste. Der Unterschied zu herkömmlicher Kosmetik liegt darin, ob und welche Inhaltsstoffe in welcher Qualität verwendet werden:

- Zertifizierte Natur- und Biokosmetik verzichtet auf synthetische Duft-, Farb- und Konservierungsstoffe, Mineralöle, Silikone, Paraffine und PEG (den Wirkstoffträger Polyethylenglycol).

- **Fette und Wachse:** Nicht verwendet werden Rohstoffe auf Mineralölbasis wie Paraffin- und Silikonöle. Sie sind im Vergleich zu pflanzlichen Ölen preisgünstig, duftneutral und unempfindlich gegenüber Sauerstoff. In höheren Konzentrationen decken sie jedoch die Haut ab, die dann als Atmungsorgan nicht mehr durchlässig genug ist. Die Aufnahme von Luftfeuchtigkeit oder auch die natürliche Hautausscheidung kann dann nicht mehr richtig funktionieren. Stattdessen verwendet Naturkosmetik pflanzliche Öle wie Jojobaöl, Olivenöl, Mandelöl, Sonnenblumenöl, Sheabutter, Sesamöl, Candelillawachs, Avocadoöl oder Aprikosenkernöl, welche gut in die Haut einziehen.

- **Emulgatoren:** PEGs sind preisgünstiger und einfach in der Verarbeitung, stehen allerdings in Verdacht, die Haut durchlässiger für Schadstoffe zu machen. Als natürliche Alternative verwendet Naturkosmetik eher pflanzliches Lecithin oder Glycerin-Fettsäure-Verbindungen, etwa aus Kokosfett.

- **Pflanzenauszüge:** Wesentliche Bestandteile von Naturkosmetik sind mit Hilfe von Wasser, Alkohol oder Ölen gewonnene Pflanzenauszüge, die nach der INCI (*International Nomemclature Cosmetic Ingredients*) -Deklaration ausgewiesen werden.

- **Parfümierung:** Naturkosmetik verwendet ausschließlich natürliche ätherische Öle, deren Gewinnung aufwendig und kostenintensiv ist. Für einen einzigen Liter ätherisches Rosenöl beispielsweise werden über 3.000 kg Rosenblätter benötigt.

- **Farbstoffe:** Sie sind ebenfalls rein natürlich wie verschiedene Eisenoxide oder Titandioxid. Synthetische Farbstoffe wie Azofarben dürfen nicht verwendet werden.

- **Tenside:** Pflanzliche müssen mild, gut verträglich und gut abbaubar sein, schäumen allerdings auch weniger als herkömmliche. Sie trocknen die Haut weniger aus.

- **Konservierungsstoffe** werden in der Regel nicht verwendet, auch wenn einzelne nach Richtlinien des BDIH (Bundesverband der Industrie- und Handelsunternehmen) und der Natrue (*International Natural and Organic Cosmetics Association*) erlaubt sind.

Checkliste für die Hautpflege im Alltag

Von außen (Epidermis):

- Abschminken – immer. Egal wie müde wir sind. (1.Reinigung)
- Wasser, Schaum zum Entfernen vom Umweltschmutz, Schweiß und Talg (2. Reinigung, ohne Make-up die 1.)
- Feuchtigkeit geben (Toner)*
- Gelegentliche Tiefenreinigung (Peeling, Maske ...)
- Pflege nach Hauttyp: Wasser binden und Fett geben (z.B. Creme)
- UVB-Sonnenschutz (tagsüber)
- Regelmäßigkeit und Pflegedisziplin

In der Haut (Dermis):

- Alkohol bitte nur zum Desinfizieren auf die Haut geben, unter Sonneneinstrahlung gibt er die schönsten Pigmentflecken auf der Haut ... siehe auch Parfüms und Düfte
- Mechanische Beanspruchung (Drücken) möglichst vermeiden
- Bei Männern: Sanft rasieren oder trimmen
- UVA-Schutz bitte mindestens 20 min vor dem Lichtkontakt auftragen

Von innen (Subcutis):
- Möglichst Verzicht auf Tabak
- Bewegung / Sauerstoff / bewusste Atmung
- Genügend Flüssigkeit
- Essenzielle Fettsäuren, eine gesunde Ernährung
- Medikamente und Hormone nur wenn notwendig einsetzen

Dekorative Kosmetik:
- Make-up / Puder, falls gewünscht
- *Camouflage* gegen rote Äderchen
- *Shine Control* (auf der Bühne und an heißen Tagen auch für Männer)

*für Männer ohne Watte – sie kann in Bärten und Bartstoppeln hängen bleiben

Haarpflege, Bartpflege, Styling

Guter Vertrieb beginnt beim Kundenbedürfnis. Diese Weisheit kommt einem allerdings nicht gerade in den Sinn, wenn man vor einem Regal mit Haarpflegeprodukten in einem der Drogerie-Megastores steht. Da ist alles nach Marken geordnet, nicht nach den Haartypen.

Ich möchte hier grundsätzlich zwischen Haarpflege- und Stylingprodukten einerseits und (chemischen) Haarfärbemitteln andererseits unterscheiden, welche für mich nicht zur Pflege gehören, sondern wegen des mehr oder weniger starken Einsatzes von Oxidationsmitteln, welche die Haarstruktur verändern, eine eigene Kategorie darstellen. Solche Eingriffe gehören meines Erachtens in die Hände eines farberfahrenen Friseurs, weil Einwirkzeit, Farbauftrag und -platzierung sowie die Technik Routine und mehr als zwei Hände verlangen. Wer in der Heimanwendung versiert ist, mag das natürlich anders sehen, und es gibt einige, die seit Jahren erfolgreich zuhause färben oder bleichen. Moderne Techniken aber kann der Salon einfach besser: Heute werden Haarfarben nicht mehr einheitlich und monochrom getragen, vielmehr lebt das Thema durch mehr-tonale Schattierungen wie in der Natur auch. Ein natürliches Blond besteht ja auch aus verschiedenen Helligkeitsstufen. Daher werden im Salon oft verschiedene Nuancen aufgetragen, um die Farbveränderung lebendig wirken zu lassen. (Und der Trend naturbelassener, depigmentierter Haare in umwerfenden Weiß- und Silbertönen bewegt uns ja ebenfalls bereits seit einigen Jahren.)

Eine missglückte Färbung ist nur auf Kosten der Oberfläche des Haarschafts und mit einem mittelmäßigen Resultat revidierbar. Für Mittelmaß aber ist unser Kopf zu sehr im Blick – zumal unter dem zoomenden Auge unserer Gesprächspartner:innen in Videokonferenzen! Im kleineren Bildformat der Kamera werden Stilsünden am Haar (und auch sonst) nämlich unendlich viel bedeutsamer ... und manchmal auch aufgezeichnet.

Einmal saß ich bei einem Vortrag hinter einer Managerin, die über ihrem gutsitzenden und sichtbar teuren *Ensemble* eine braune Fläche aus Haaren trug, die sie zum Zopf gebunden hatte: Das Haar war schon ab der Kopfhaut nicht gekämmt, stumpf in der Ausstrahlung, ungleichmäßig in der Farbe und mit einer Oberflächenstruktur wie Filz. Wenn die Zeit für Pflege nicht reicht, sollte man die Strategie überdenken. Denn auch der von Frauen mit Zeitmangel so geschätzte Zopf wirkt sonst nicht effizient, sondern eher wie eine Verlegenheitslösung.

Eine Frage, die uns als Konsumenten in Sachen Haarpflege immer wieder beschäftigt, ist der Unterschied zwischen Friseurprodukten und solchen aus dem Drogeriemarkt: Es gibt bis jetzt keine allgemeingültige Antwort auf die Frage, welche Produkte besser sind. Verbrauchertests haben Friseurware gelegentlich schon als „mangelhaft" entlarvt, was aber nicht auf alle Anbieter übertragen werden darf.

Manche argumentieren, dass Shampoos und Packungen vom Friseur eine höhere Konzentration oder „wirksamere" Inhaltsstoffe enthalten würden, zum Beispiel „gute" Silikone, die sich gegenüber minderwertigen besser herauswaschen lassen. Aber konkreter wird bei diesem Thema leider niemand mit seinen Angaben. So habe ich zum Beispiel von einem Friseurprodukthersteller, den ich mit dieser Frage gezielt anschrieb, vorsichtshalber überhaupt keine Antwort erhalten. Und auch Internetforen tauschen fröhlich Produktempfehlungen aus, finden aber keine verlässliche Antwort. Die wichtigste Frage in dieser Entscheidung ist daher: Vertrauen Sie Ihrem Barbier / Friseur?

Denn zwei Dinge hat der Einkauf bei Fachmann oder Fachfrau jedem Drogeriemarkt voraus: Die Wahl von luxuriösen Produkten zu luxuriösen Preisen in edler Verpackung, die sich auch im Badezimmer gut machen, ist ein Verwöhn-Moment. Ihr:e *Hairstylist:in* hat Ihre Haare außerdem in trockenem und nassem Zustand, vor und nach dem Schneiden oder Färben in Händen gehalten und kennt sie sehr genau. Daher kann er oder sie Sie auch besser als jeder andere beraten und Ihnen das richtige Produkt für den Pflegebedarf, den Ihr Haar gerade jetzt hat, empfehlen. Das kann saisonal oder situativ unterschiedlich sein, zum Beispiel, wenn die Haare nach einer Färbung oder einem Urlaub mit Sonne und Salzwasser mehr Pflege brauchen. Hüte und Kappen beugen übrigens nicht nur dem Sonnenstich vor.

Bei Friseurprodukten zahlen wir demnach auch die qualifizierte Beratung mit – und die ist ihren Preis wert, wenn sie das Ergebnis verbessert. Allerdings setzen wir dabei auch immer friseur-exklusive Waren voraus und reagieren ungehalten, sobald uns das identische Produkt zu einem günstigeren Preis im Internet begegnet. Viele exklusive Marken gehen daher schon gezielt gegen „Preiskannibalismus“ vor, um die Exklusivität – und damit die im Preis enthaltene Güte der Beratung – zu wahren.

Der Tipp von den Freunden aus dem Internet ist jedenfalls nur dann gut, wenn diese die gleiche Haarstruktur, einen vergleichbaren Haarzustand und den gleichen Ergebniswunsch wie Sie haben. „Clever“ ist, wer seinen (Luxus-) Bedürfnissen und denen seines Haares Rechnung trägt. Und auch der Salon Ihres Vertrauens wird es nicht übel nehmen, wenn Sie fragen, worauf Sie beim Kauf Ihres Shampoos achten sollten – auch wenn Sie nicht auf die Salonware zurückgreifen wollen. Ein:e kluge:r Spezialist:in hat nämlich Interesse daran, dass es auf Ihrem Kopf gut aussieht!

Haarpflegeprodukte werden erstens nach dem in der Haarqualität sichtbaren Ergebnis, zweitens nach ihren Inhaltsstoffen entsprechend der Deklaration und drittens nach ihren Beta-Eigenschaften bewertet, denn Konsistenz und Duft sind für viele Menschen ein Kaufanreiz. Haare sind übrigens ein sehr guter Duftträger und eignen sich gut, um ein Parfüm am Abend intensiver zu tragen. Umgekehrt birgt das die Gefahr, dass sie auch unangenehme Restaurant- und Küchengerüche aufnehmen und verströmen.

Entscheidend für das Ergebnis von Haarpflege ist in erster Linie die passende Auswahl: Die Beschaffenheit von Kopfhaut und Haaren sowie ihr Zustand sollten erst einmal richtig eingeschätzt werden, zum Beispiel braucht geschädigtes Haar mehr glättende Stoffe als das trockene Haar, welches nach Feuchtigkeit verlangt. Unsere Sprache ist da ein guter Indikator, nur muss man sich die Mühe machen, diese Begriffe zu differenzieren.

Für gepflegtes Haar sollten alle Haartypen von *trocken* (meist ungefärbt, aber feuchtigkeitsarm) über *strapaziert* (durch häufiges Föhnen & Stylen) bis zu *gefärbt* oder *geschädigt* und auch *normales Haar* nach jeder Haarwäsche eine Spülung und bei Bedarf eine Extrapflege bekommen und im Sommer mit Spezialprodukten vor UV-Strahlung geschützt werden. Nur kurzes, unbehandeltes Haar, das durch die Kopfhaut ausreichend mit Fett versorgt wird, kann darauf verzichten. Für alle anderen gehört das zu den Basics der Pflege im Alltag, damit die Spitzen auch in drei Jahren noch gut aussehen, sozusagen als Prophylaxe. Die Konsistenz des Schaums bei Haarshampoos – sahnig, weich und feinporig oder aber luftig mit großen Blasen – gibt ein Gefühl dafür, wie viel Pflegestoffe oder aber waschaktive Substanzen (Tenside) enthalten sind.

Haar wächst übrigens durchschnittlich 12 cm im Jahr. Schulterlanges Haar hat demnach(bei einem langen Hals) eine Gesamtlänge von etwa 39 cm – und die Spitzen haben damit gut drei Jahre Haarewaschen, Föhnen, Färben, Tönen, Chlor- und Salzwasser und Sonneneinstrahlung mitgemacht. Wer einmal ein Leinenkostüm gesehen hat, dass im Hochsommer im Schaufenster eines Modehauses dekoriert war und massiv an Farbe eingebüßt hat, versteht, was allein Licht schon bewirken kann. Gerade die Längen wollen daher konsequent gepflegt und die splissanfälligen Spitzen, die auf Schulter und Krägen aufstoßen, regelmäßig geschnitten werden. Aus diesem Grund sprechen manche Friseur:innen auch von „drüber oder drunter“, wenn sie für die Mantel- und Kragenzeit im Winter beraten.

Zuletzt noch ein Wort zu Stylingprodukten: Auch das bestgepflegte Haar kann, sogar bei größerem Haardurchmesser und einer griffigen Haarstruktur, frisch nach der Haarwäsche wie „Schäfchenwolle“ aussehen, wenn kein Stylingprodukt verwendet wird. Das Haar ist dann flusig und sogar zu weich. Die Optik der Frisur profitiert sichtlich von der Benutzung moderner Gel-Wachse, Strukturschäume etc., die auch nicht klebrig sein müssen – auch bei den Herren! Barthaar ist übrigens anders in seiner Struktur, robuster und störrischer. Auch hier ist es die Länge, welche die Handhabung vorgibt.

Die Inhaltsstoffe in der Haarpflege werden wie auch in der Kosmetik nach der bereits erwähnten INCI-Nomenklatur angegeben, die auch in den USA sowie in weiteren Ländern Asiens, Südamerikas, Afrikas und in Australien gesetzlich etabliert ist. Häufig verwendete „Incis", wie sie in Internetforen genannt werden, sind

- **Keratin** (Hydrolized Keratin): ein Haar-Baustein, der die Struktur verbessert.

- **Milchsäure** (Lactic Acid), Lecithin oder Urea: sie spenden Feuchtigkeit.

- **Öle wie Avocado-, Kokosnuss- oder Weizenkeim-Öl**: sie verringern den Feuchtigkeitsverlust, zum Beispiel durch Hitze und UV-Strahlen, und sorgen für Glanz.

- **Panthenol**: es ist in Vitamin B5 enthalten und stärkt den Haarschaft.

- **Proteine** (Eiweiß): damit führt man dem Haar seinen Hauptbestandteil wieder zu.

- **Polymere**: sie geben Volumen und Kraft.

- **Seide** (Hydrolyzed Silk): sie glättet den Haarschaft und verleiht dadurch Glanz.

- **Zitronensäure** (Citric Acid): sie entfettet und neutralisiert Kalk im Wasser.

Silikone werden oft kritisiert, weil ihre positiven Ergebnisse wie Glanz, Geschmeidigkeit und leichte Kämmbarkeit natürlich auch eine Kehrseite haben: Sie lagern sich am Haarschaft an und beschweren das Haar, was den Volumenwunsch zunichte macht. Wenn sich die Silikone auch nicht mehr herauswaschen lassen, kann es vorkommen, dass Haarumformungen oder Haarfarben schlechter greifen, daher wird hier ein Reinigungsshampoo zur vorherigen

Anwendung empfohlen, welches befreit und aufnahmefähig macht. Auch Pflegestoffe nimmt das Haar nicht mehr auf, wenn es durch nicht-herauswaschbare Silikone isoliert wird.

Silikon kann auf dem Etikett so gekennzeichnet sein: *Dimethicone, Cyclomethicone, Amodimethicone, Polymethylsiloxan, Substanzen mit der Endung -cone oder -xane, Trideceth-12, Hydroxypropyl, Polysiloxane, Lauryl methicone copolyol Amodimethicone, Cetearyl methicone, Cyclopentasiloxane, Dimethiconol und Quaternium* 80. Zum Glück schreiben viele Hersteller mittlerweile vorne an prominenter Stelle, wenn Produkte silikonfrei sind – denn niemand möchte sich die chemischen Begriffe wirklich merken. Und da haben wir auch schon eine Schwachstelle der bürokratischen Deklarationspflicht gefunden: Die Bezeichnungen mögen zwar auf den Verpackungen stehen – nur VERstehen tut sie niemand so recht, jedenfalls kein:e normale:r Verbraucher:in.

Auch bei der Haarpflege entscheidet letztlich unsere ganz persönliche Anwenderbewertung: Ein Produkt ist gut, wenn wir damit zufrieden sind, das Haar glänzt und sich „gut benimmt". An *trial and error*, dem eigenen Versuch also, kommen wir nicht wirklich vorbei.

Gepflegtes, glänzendes Haar ist nicht zuletzt ein Symbol für Gesundheit und Vitalität ... wir denken an die biblische Geschichte von Samson und Delilah. Für manche von uns haben sie eine Verbindung zu unserem Selbstbewusstsein und Selbstverständnis – wenn man überlegt, wie kreuzunglücklich wir nach einem missglückten Friseurbesuch sein können. Deshalb ist die sorgfältige Auswahl der richtigen Partner:in in Sachen Haare auch eine Verneigung vor dem eigenen Ego und das gestylte Dasein die perfekte Abrundung eines Looks oder Auftritts – nicht nur auf dem roten Teppich.

Nachhaltigkeit im Salon-Alltag bedeutet heute nicht zuletzt, auch die Verbrauchskosten nachhaltig zu gestalten – beispielsweise bei normaler Verschmutzung nur einmal statt zweimal zu shampoonieren. Genauso prüfen verantwortliche Hersteller die gesamte Produktionskette von Wasserverbrauch, Transport- und Verpackungskosten bis hin zur Energiebilanz, während wir in der Anwendung zusätzlich immer mehr Wert auf recyclingfähiges Verpackungsmaterial legen.

Das Gespräch über nachhaltige Haarpflege bewegt sich zusammenfassend um den Verzicht auf Tierversuche, die biologische Abbaufähigkeit, die Ergiebigkeit des Produkts und den benötigten Einsatz von Wasser. Folglich werden auch Trockenshampoos und -spülungen zunehmend beliebt, die zwar wieder herausgewaschen werden müssen, aber in der Herstellung auf Wasser verzichten und im feuchten Haar aufschäumen. Sie sind zudem auf der Reise gewichtsparend und nur geringfügig bis gar nicht verpackt.

Beim Bart müssen die Übergänge und der Verlauf vom kurzen Gesichtshaar zum längeren Haupthaar fließend sein, der Übergang zum Hals definiert und nicht zufällig. Bitte auch das Profil ansehen! Je länger der Bart, desto besser muss er allerdings gestylt werden. Almöhi geht nicht – Kontur wird großgeschrieben.

Der Vollbart darf nie solo betrachtet werden, er ist immer Teil eines Gesamtbildes, ähnlich einer Skulptur. Auch hier sind Übergänge und die Haarlänge wichtig, inklusive einem glatten Nacken. Und mit wachsender Länge steigt auch der Pflegebedarf. Arganöl oder Haar-Serum sind tolle Produkte, die für Glanz sorgen – und auch so manche Dame mit unbändigen Locken begeistern dürften.

Erwartungen an Haarpflegeprodukte:

- Reinigung von Haaren und (Kopf-) Haut
- angenehm griffiges und gut kämmbares Haar
- ein glänzendes Ergebnis nach dem Trocknen
- das individuell erwünschte Volumen
- weitere Effekte wie Glätten, Locken oder Definieren
- gute Frisierbarkeit
- Spliss verhindern
- Farbschutz
- angenehmer Duft

- Simpel, zeitlos gültig und doch so schwierig: Finden Sie den für Sie richtigen Friseur / Barbier!

- Eine gute Beratung bezieht unseren Typ mit ein: Bevorzugte Haarlänge, gewünschte Zeit für das morgendliche Styling zuhause, unter Umständen bevorzugter Kleidungsstil und die berufliche Tätigkeit sowie Erfahrungen mit verschiedenen Haarfarben sollten erfragt werden.

- Schöne Haarprodukte können auch einem grauen Alltag etwas Luxus verleihen.

- Verschiedene Shampoos je nach Bedürfnis, zum Beispiel:
  - Ein leichtes, wenig pflegendes für Griffigkeit beim Stylen und Hochstecken,
  - ein feuchtigkeitsspendendes bei statischer Aufladung oder
  - eine Intensivpflege nach dem Haare färben.

Dekorative Kosmetik
(Maquillage)

Die Debatte über Inhaltsstoffe, die in der großflächigen Anwendung von Körperpflegeprodukten naheliegend ist, bekommt einen anderen Klang, wenn man sich der dekorativen Kosmetik zuwendet: Lippenstifte, Mascara, Grundierungen und die ganze Palette schöngeistiger Schminkutensilien bekommen von der Verbrauchertest-Berichterstattung sehr schnell den Stempel „bedenkliche Inhaltsstoffe" oder „problematische Pigmente" aufgedrückt. Und in manchen Momenten entsteht der Eindruck einer Fraktion gegen Produkte und Marken, die sich nur dieser einen Sache verschrieben haben: der Schönheit, der Mode, der Leichtigkeit. Messbar wird die Qualität allerdings erst in Verbrauchertests, die auch Inhaltsstoffe prüfen.

Wir können davon ausgehen, dass *gerade* internationale Marken mit großem Namen nicht nur in der Pflicht der Tradition stehen, sondern überdies weltweit ausliefern und in manchen Ländern noch viel strengere Auflagen erfüllen als gerade bei uns in Deutschland, Österreich und der Schweiz. Wir sprechen auch von Produkten, welche die Haut nur sehr kleinflächig (oder so gut wie nicht) berühren und von uns Konsumenten meist häufig gewechselt werden, denn die Texturen und Farben für unser Gesicht sind für die meisten von uns eine Spielwiese, mit den Facetten der eigenen Persönlichkeit zu experimentieren.

Neue Looks sind Ausdruck von Mode und Zeitgeist, ohne dass wir gleich die ganze Garderobe auf den Kopf stellen müssen. Und auch sie sind der kleine Luxus im Alltag: Der sogenannte „Lippenstift-Index" besagt, dass der Lippenstiftkonsum in wirtschaftlich angespannten Zeiten stabil bleibt oder sogar steigt. Ähnlich motivierend kann übrigens auch eine Make-up-Schulung sein, nach der wir uns einfach schön fühlen.

Die Kritiker:innen der Inhaltsstoffe differenzieren, ob sie über die Lippen in den Körper gelangen könnten oder an harmloserer

Stelle aufgetragen werden. Was man verträgt, merkt man bei Make-up ohnehin besonders schnell, beispielsweise wenn die Augen tränen. Verbraucherschutz ist gut und wichtig, und als mündige Kund:innen informieren wir uns über Bestandteile, sobald sie für uns relevant werden. Stoffe, die bereits in geringer Konzentration bedenklich sind, dürften ihren Weg in europäische Läden ohnehin nicht finden.

Auch bei der dekorativen Kosmetik sind die Preisunterschiede immens. Preisrelevant sind die Forschung für neue Technologien hinsichtlich Haltbarkeit, Deckkraft, Anti-Aging oder auch Farbechtheit von Pudern und *Concealern*. (In der beginnenden Corona-Zeit waren Grundierungen und Lippenstifte für die boomende Online-Schalte absolute Renner.) Darüber hinaus Konsumenten- und Trendforschung sowie repräsentative, manchmal prestigeträchtige Verpackungen.

Gerade die teuren Markenprodukte verströmen bei jeder Benutzung das Gefühl von Luxus, mit dem wir uns selbst verwöhnen. Da ihre Anwendung nach Maßstäben des modernen Benehmens aber ohnehin in die *Restrooms*, also die Vorräume der Toilette gehört, haben wir heute kaum noch Gelegenheit, sie als hübsches, manchmal glamouröses Detail zu zeigen. Aber das ist nur eine Sicht auf die verführerischen Produkte.

Die andere fokussiert sich auf ein Ergebnis, das den oder die Träger:in von der besten Seite zeigt, Vorzüge betont und nicht zuletzt auch schützt. Ein Tages-Make-up funktioniert so ganz nebenbei als sanfter Lichtfilter, auch wenn das Produkt selbst nicht mit Lichtschutz ausgestattet ist. Ergebnisorientierte Verbraucherinnen – denn nur wenige Männer nutzen die Kunst der *Maquillage* für ihren Auftritt, etwa vor der Kamera und auf der Bühne – haben in der Regel viel ausprobiert und formulieren klare Ansprüche an das, was für sie Qualität bedeutet.

- **Haltbarkeit:** Ein aufgetragenes Produkt soll auch am Abend noch gut aussehen und sollte während des Tages nur geringe Korrekturen wie Nachpudern oder die kleine Korrektur im äußeren Augenwinkel verlangen.

- **Feinheit:** Der Auftrag muss subtil sein und sich gut verblenden (verwischen) lassen, weil ein gutes Make-up ohne harte Linien auskommen sollte.

- **Lebensdauer:** Deko-Kosmetik, wie sie auch heißt, sollte angemessen im Verbrauch sein, gerade wenn es Artikel aus dem Hochpreissegment sind.

- **Farbkontinuität:** Farbgebende Artikel müssen farbecht sein – nicht nur beim Nachkauf der Lieblingsfarbe, sondern auch über mehrere Stunden des Tragens hinweg.

- **HD-Tauglichkeit:** Für schöne Konturen auch vor der heute allgegenwärtigen Kamera mit Hochauflösung.

Dass der feine Auftrag und auch die Verbrauchsmenge sehr viel mit dem richtigen Handwerkszeug zu tun haben, damit befasst sich das nächste Kapitel. Da dekorative Kosmetik in sich kompatibel ist, wir also theoretisch und praktisch jeweils unsere Lieblingsprodukte von verschiedenen Marken kombinieren können, ist die Produkttreue in diesem Segment eher niedrig, was den Werbedruck erhöht. Es gibt aber Marken, die sich auch ohne Werbung wie von selbst weiterempfehlen. Fragt man die Kund:innen, stehen hier die Qualität nach den oben beschriebenen Kriterien – aber auch eine Nähe zu ihren Bedürfnissen – im Vordergrund. Denn Make-up *heute* ist viel mehr als das Auftragen von trendigen oder typgerechten Farben mit einer möglichst gekonnten Technik: Es bedeutet, raffinierte Produkte für sich und das eigene Wohlbefinden einzusetzen, etwa einen *Lip-Primer* (eine Lippenstift-Basis), der außer höherer Haftbarkeit und einem schönen Glanz auch dafür sorgt, dass sich die Lippen nicht trocken, sondern über viele Stunden weich und ein bisschen sinnlich anfühlen. High-Tech im Dienst der Ausstrahlung.

Viele Menschen hätten mehr Lust und würden sich auch mehr schminken, wenn sie wüssten, wie! Die Anwendungsberatung ist also ein großer Faktor für Auftreten und Erfolg einer Linie. Dabei hat der oder die Parfümerieverkäufer:in einen nicht gerade leichten Stand: Die Begeisterung für den Beruf und das Schöne daran führt manchmal dazu, dass wir Endverbraucher:innen das Beratungspersonal als zu stark und unnatürlich aufgemacht empfinden und ihm nicht zutrauen, uns in einem anderen Stil, der zu uns selbst passt, zu schminken. Dies aber ist Voraussetzung für das Vertrauen, das es braucht, um jemanden an das eigene Gesicht heranzulassen.

Die erste Überlegung bei der eigenen Stildefinition ist, ob ich im Umgang mit Styling eher *natürlich* oder *aufwändig* bin, also eine geringe oder aber hohe Bereitschaft mitbringe, mir Zeit für das „Schönmachen" zu nehmen. Eine sensible und gut geschulte Verkaufsperson wird diese Frage allen anderen voranstellen.

Die Angst davor, *billig* oder angemalt auszusehen, sitzt bei vielen Erwachsenen tief, während junge (meist) Mädchen und auch schon Kinder mit dem ganzen Thema spielerischer umgehen. Sie lieben den florierenden Markt der sehr günstigen Anbieter, die einen fröhlichen Umgang mit Farben möglich machen. Tatsächlich steht Deutschland im Europa-Vergleich (noch) an unterster Stelle bei den Ausgaben für selektive (also nur über Fachabteilungen vertriebene) Kosmetik, deutlich hinter Frankreich, England und der Schweiz beispielsweise. Eine deutsche Frau schminkt sich selten? Das ist schade, denn sie kann vom Zauber gut gemachter *Maquillage* genauso profitieren wie ihre europäischen Schwestern. Auch eine natürliche Person mit geringer Stylingtoleranz sieht frischer und modischer aus, wenn sie sich morgens zumindest dezent schminkt – sie muss nur wissen, wie.

Für den erfolgreichen Einkauf von Make-up-Produkten gibt es ein paar Empfehlungen:

- Auf der Suche nach einem neuen Look kleiden Sie sich am besten entsprechend modisch, damit Sie selbst richtig in Stimmung kommen und auch Ihre Beratung nicht Rätselraten muss, auf welches *Finish* Sie hinauswollen.

- Entscheiden Sie sich bei einem Tages- / Business-Make-up, ob Sie Ihre Augen *oder* die Lippen stärker betonen wollen.

- Beginnen Sie entsprechend mit der Gesichtspartie, die Sie hervorheben wollen, so können sie die jeweils andere dezenter anpassen.

- Auf einem reifen Gesicht mit Erfahrungslinien sind glänzende Produkte um die Augen zu viel, sie betonen die Jahre sogar noch. Ein satinierter Glanz auf den Lippen ist aber vorteilhaft und macht jünger. Generell sollten Menge und Farbauftrag mit zunehmendem Alter feiner und subtiler werden.

- Helle, irisierende Farben heben hervor, dunkle kaschieren. Wenn Sie von sich schon wissen, dass Sie zum Beispiel schmale Lippen haben, ist eine dunkle, matte Farbe nichts für Sie. Dunkle Lippenstifte laufen ohnehin Gefahr, auf wenige Meter Distanz wie ein Loch im Gesicht auszusehen.

- Wenn Sie Angst haben, zu bunt zu werden, konzentrieren Sie sich auf eine gekonnte Schattierung Ihrer Konturen und reduzieren die Anzahl der Farben und die Menge des Auftrags.

- Farben, die zu den eigenen Farben von Haut – Haaren – Augen passen, wirken weniger überladen und lassen Sie überhaupt besser aussehen. Befassen Sie sich daher mit Ihrem Farbtyp: warm oder kalt.

- Gehen Sie ans Tageslicht, um Farben und ihre Wirkung richtig sehen zu können.

- Informieren Sie sich gelegentlich über neue Techniken. Man darf Ihrem Make-up niemals ansehen, wann Sie jung waren.

- Qualität erkennen Sie daran, dass die Produkte feinpigmentiert sind und sich in einem weichen Verlauf ausblenden lassen.

Diese Punkte bewahren Sie vor unerwünschten Überraschungen und Fehlkäufen. Denn bei Hygieneartikeln wie dekorativer Kosmetik ist es eine Ehrensache, dass man sie nur aus triftigem Grund reklamiert – etwa, wenn man erst im Heimgebrauch merkt, dass man etwas nicht verträgt. Die Auswahl selbst war Ihre eigene Entscheidung. Von der Produktqualität dürfen Sie dieses erwarten:

Erwartungen an dekorative Kosmetik

- hohe Verträglichkeit, insbesondere um die Augen (Mascaras, Lidschatten)
- unbedenkliche Inhaltsstoffe, insbesondere bei Lippenstiften
- einfaches Auftragen und lange Haltbarkeit tagsüber
- kontrollierbares Auftragen mit wahlweise stärkerer oder schwächerer Farbintensität
- individuell gewünschte Effekte wie etwa Wimpernverlängerung oder -verdichtung
- ein angenehmer Duft / ein guter Geschmack
- gute Handhabung der Verpackung / repräsentative Verpackung
- geringer Verbrauch / hohe Pigmentdichte
- aktuelle Farben und Looks

Kosmetik- und Rasierpinsel

Dekorative Kosmetik kann die besten Eigenschaften für subtiles Auftragen und lange Haftbarkeit haben. Diese nützen aber nicht, wenn das dazu verwendete Handwerkszeug nicht gut ist, zu viel Farbe schluckt oder abgibt und das Ergebnis alles in allem scheckig statt schön werden lässt. Für ein gelungenes Make-up gilt die Regel: Puder auf Puder, Creme auf Creme. Das bedeutet, dass sich beispielsweise ein Puderrouge nur auf der abgepuderten Wange gleichmäßig und in einem sanften Farbverlauf auftragen lässt. Es gibt in der Produktwelt spezielle Grundierungen, die zusätzlich die Haltbarkeit erhöhen, etwa für die Anwendung unter dem Lidschatten, der ohne eine Basis nur zu gern in die Lidfalte schlupft. Das A und O sind aber die Werkzeuge:

Von Kunsthaar bis Naturhaar, vom Schwämmchen-Applikator bis zum Pinsel gibt es viele Varianten, die verschiedene Ansprüche befriedigen. Dabei kann sich billig gerade hier als teuer herausstellen: Schneller Verschleiß, der zu früherem Neukauf zwingt, unbefriedigendes Schminkergebnis und höherer Produktverbrauch summieren sich schnell. Gutes Werkzeug ist daher eine Investition im besten Sinn – und auch preisgünstige Puder und Lidschatten profitieren vom besseren Auftrag. Dieses *wert*-volle Wissen können Sie für sich nutzen, denn wir merken den sinkenden Produktverbrauch schnell im Portemonnaie …

Grundsätzlich stellt sich vor dem Kauf von Pinseln – auch Rasierpinseln – die Frage, ob es Natur- oder Kunsthaar sein soll. Vergleichbar den Woll- und Synthetikfasern bei Textilien finden wir bei Naturhaar eine schuppige Oberflächenstruktur und bei Kunsthaar eine glatte, die besonders hautverträglich und für Allergiker geeignet ist. Kunstfasern lassen sich für verschiedene Anwendungsgebiete mit den passenden Eigenschaften ausstatten. Inzwischen gibt es perfekte Imitationen, die einem Naturhaar in Weichheit, Aufnahme- und Abgabefähigkeit sowie vom Ergebnis her in Nichts nachstehen.

In diesem Produktsegment habe ich mit der Marke Da Vinci gesprochen, die Kunstmalern, Insidern und Liebhabern der *Maquil-*

lage-Kunst ein echter Begriff ist und „handmade in Germany" produziert.

Sie erzählte von einer damals neu entwickelten gewellten Faser, die von Visagisten für Fehhaar gehalten wurde, welches vom Eichhörnchen kommt – ein Begriff aus der Pelzindustrie. Denn dort stammen auch die Haare für die Pinselfertigung her: Sie sind ein Nebenprodukt aus der Pelzgewinnung, wobei nur Tieren, die in sehr kalten Regionen leben, robustes Haar wächst. Auch hier wird die Erderwärmung Folgen haben.

Folgende Naturhaare werden entsprechend der verschiedenen Einsatzgebiete verwendet:

- **Puder- und Rougepinsel**: ein weiches, formstabiles Haar, zum Beispiel vom feineren Brust- oder robusteren Rückenfell der Bergziege

- **Lidschattenpinsel mit natürlichem Auftrag**: Russisches Rotmarderhaar vom Schweif des Tieres

- **Lidschattenpinsel für farbintensiven Auftrag**: Fußfesselhaar vom Pony

- **Blender zum Verwischen**: sehr flexibles, weiches Haar wie das Schweifhaar des Braunmarders

- **Lippenkonturen und lineares Arbeiten**: Haar mit flaumfeinen Spitzen, etwa vom Schweif des Rotmarders

- **Rasierpinsel**: Silberspitz-Dachshaar aus dem Winterfell, besonders wertvoll als gezupftes Rückenhaar – je heller die Spitzen sind, desto besser

Die Haarspitzen sind wie bei einem Baby, das noch keinen Ersthaarschnitt hatte, spitz und dadurch besonders weich. Sobald man das Haar schneidet, werden sie stumpf und damit weniger weich. Damit die kostbaren Qualitätspinsel ihre höchste Lebensdauer von durchaus 20 bis 30 Jahren erreichen, ist außerdem eine sorgfältige, regelmäßige Reinigung und Pflege elementar: Auch sehr milde Shampoos enthalten entfettende Substanzen. Da Pinselhaar aber durch keine Zellen mehr rückgefettet wird, ist sogar Babyshampoo ungeeignet, weil es austrocknet – rückfettende Spezialmittel dagegen sichern die Geschmeidigkeit. Beim Auswaschen sollte grundsätzlich nur der Pinselkopf intensiv gereinigt und der Pinsel nicht zu lange im Wasser gelassen werden, damit das Holz des Pinselstiels nicht aufquillt.

Zur Herstellung eines Kosmetikpinsels braucht es rund zwei Tage und sechs Mitarbeiter. Dennoch ist es die Qualität der verwendeten Haare, die den eigentlichen Wert ausmacht: Da Vinci kauft als Haar etwa für Rouge- und Puderpinsel seit Jahrzehnten Fellhaar von Bergziegen aus den Hochtälern Nordchinas. Diese werden dort von Bauern gehalten und die Gewinnung der Pinselhaare ist deren Lebensgrundlage. Aufgrund des dortigen rauen Klimas ist das Fell besonders dicht, das Haar sehr elastisch und von besonderer Güte. Allerdings: Geschorene Haare können eben nicht zu Qualitätspinseln verarbeitet werden, weil ihnen die feinen, natürlichen Haarspitzen fehlen – das heißt, dass die Tiere die Fellgewinnung nicht überleben. Andererseits hat der Handel mit Haar und Fellen Tradition und ist ein fester Bestandteil der Wirtschaft sowie Lebensgrundlage einiger Züchter und Hirten. Dabei werden die kostbaren Materialien nicht verschwendet, sondern alles vom Tier verwertet!

Wer sich mit der Verwendung von Naturhaar dennoch nicht wohlfühlt, muss auf Kunstfasern zurückgreifen, deren Faserqualitäten auch veganen oder Öko-Lebensstilen eine verlässliche Alternative ohne tierische Bestandteile liefert. Was also für uns im Kreislauf sinnvoller ist – Produkte tierischen Ursprungs mit einer Lebensdauer von Jahrzehnten oder die Verwendung von ebenfalls langlebigen synthetischen Stoffen (Sie erinnern sich an deren Scheuerresistenz)–, ist und bleibt eine Frage unserer persönlichen Meinungsbildung.

Für eine kleine Branche und ein Produkt, dessen Herstellung wenige, sorgfältige Arbeitsschritte benötigt, können wir doch viel davon erwarten:

Erwartungen an Kosmetikpinsel

- subtiler Auftrag von pudrigen und cremigen Produkten
- geringer Haarverlust
- präzise Ausformung
- leicht zu reinigen
- bei Naturhaar: eine sehr lange Lebensdauer von 20 und mehr Jahren
- streichelweiches Feeling auf der Haut
- Verarbeitung von hochwertigen Rohmaterialien (Haar, Zwingen, Stiel)
- hohe Formbeständigkeit des Pinselkopfes
- weniger Produktverbrauch
- beim Auftragen kein „Verstäuben" der Partikel
- gleichmäßiger, streifenfreier Farbauftrag
- weiche Farbverläufe
- einfache Handhabung
- ein Pinsel muss gut in der Hand liegen
- deutlich längere Haltbarkeit des Schminkergebnisses
- gute Rasierpinsel erreichen eine sahnige Schaum-Konsistenz

- Treffen Sie eine Grundentscheidung für natürliches- oder Kunsthaar

- Testen Sie neben der Handhabe auch die Handhaltung, Griffe und deren Länge

- Pflegen und reinigen Sie hochwertige Pinsel bitte mit Spezialreinigern

- Bewerten Sie für sich individuell die Haarlänge und -anzahl (Dichte), Weichheit (ohne Zuschnitt mit dünnen Spitzen) sowie die Qualität der Haare

- Ein Rasierpinsel ist wertiger je runder er ist

Parfüms und Düfte

Inhaltsstoffe animalischen Ursprungs werden heute so gut wie nicht mehr verwendet. Denn während Ambra als Ausscheidungsprodukt von Walen auch für Tierschützer nicht kritisch war, war Moschus von einem Hirsch – nicht etwa einem Ochsen – nur zu gewinnen, wenn man ihn tötete. Angesichts der Unmengen Parfüms, die heute den Verkaufstresen wechseln, ist das ohnehin nicht mehr vertretbar. Heute werden in Düften synthetische und immer noch natürliche florale Duftstoffe verwendet, was keineswegs nur Qualitätseinbußen mit sich bringt, sondern seine Vorteile hat: Synthetische Stoffe bringen eine höhere Duftstabilität über einen längeren Zeitraum mit und sind unter Umständen sogar teurer als natürliche. Das heißt: Ein Duft hat Kontinuität.

In den besten Zeiten der *Haute Couture* haftete jedem großen Namen auch das Image der eigenen Duftwelt an. Bekannte Häuser wie Dior, Chanel, Hermes, YSL, Jean Paul Gaultier, Nina Ricci und Co. positionierten sich nicht zuletzt über ihre Parfüms. Manche von ihnen wurden zu Jahrhundertdüften, wenn man sich an *L'Air du Temps* (Ricci) oder *Chanel No. 5* erinnert. Heute aber ist eigentlich jeder Sportler, jedes It-Girl und jede Millionenerbin echte Konkurrenz. Mit Gabriela Sabatini fing es 1989 an.

Seitdem fluten immer mehr und immer schneller erscheinende Duftkreationen den Markt und machen die schöne Kunst des Parfümierens beliebig und austauschbar. 80 % der Düfte sind nach zwei Jahren nicht mehr am Markt. Dabei ist die Flüchtigkeit der modernen Duftkompositionen auch eine Antwort auf den Zeitgeist, der traditionelle Parfüms in der Wahrnehmung unserer heutigen Nase schwer wirken lässt: Auch Chanel Nr. 5 hat heute eine andere Rezeptur als das Original von 1921.

Die neue Flüchtigkeit entsteht, weil mehr Ingredienzien verwendet werden, die eine geringere Haftbarkeit haben – wie etwa die beliebten Zitrusnoten. Die Intensität eines Duftes und seine Haftbarkeit hängen daher genauso von den verwendeten Bestandteilen ab wie von der individuellen Körpertemperatur, dem Talggehalt der Haut und der Außentemperatur. Außerdem wird sie über die Verdünnung gesteuert: Ein Eau de Toilette (EdT) hat nur Kopf- und Herznote und ist deshalb vom Duft her anders und leichter als das gleichnamige Eau de Parfum (EdP) oder Parfüm.

Was ist eigentlich mit Duftimitaten? Wenn die Erkennungsmerkmale einer Marke wie zum Beispiel der Flakon und das Logo authentisch sind, läuft man kaum Gefahr, ein Imitat zu erwischen. Die sehr großen und bekannten Namen wie Dior werden zwar gerne kopiert, gehen aber von selbst bereits dagegen vor. Sobald ein Artikel im deutschen Handel erscheint, kann man mit ziemlicher Bestimmtheit von einem Original ausgehen. Imitate, die man etwa im Ausland angeboten bekommt, sind vom Preis her auffällig günstig und ahmen bekannte Marken und Produkte von den Äußerlichkeiten her nur nach, sehen aber bei genauer Betrachtung anders aus. Der Inhalt trifft nur die grobe Struktur des Originalparfüms, deshalb fehlt dem Duft die Fülle.

Eine gute Beratung in der Parfümerie zeichnet sich durch breite Sortimentskenntnis, Fachwissen zu Parfümkreation, Duftvokabular, Parfümlandkarte und Markenhintergründen aus. Sie muss zudem die richtigen Fragen stellen können: Was ist zum Beispiel für uns Kund:innen ein „frischer" Duft? Das hat unter anderem mit der kulturellen Prägung zu tun: In Europa steht „frisch" meistens für „zitronig", in den USA aber wird es mit „Vanille" assoziiert, welche an den Duft von Babypuder und damit an ein „frisches Kind" erinnert.

Ein:e gute:r Verkäufer:in – nicht nur in der Parfümeriebranche – braucht also eine besonders hohe soziale Kompetenz, um sich voll auf uns einstellen zu können und zu verkaufen, was uns zufriedenstellt – unabhängig vom eigenen persönlichen Geschmack. Das verlangt natürlich auch Abstand zu sich selbst. Gute Beratung ist also markenunabhängig sowie kundenorientiert und traut sich auch, Nischenprodukte anzubieten, wenn das für uns als Gegenüber das beste Produkt ist.

Soviel zum individuellen Einkauf. Für viele liegt das eigentliche Erlebnis heute allerdings immer mehr in der Phase *vor* dem tatsächlichen Erwerb, nämlich im Konsum der Werbung und dem Austausch mit Gleichgesinnten über die angesagteste Marke. Früher fing das

Erlebnis beim Kauf erst an. Wenn der Kick aber im Spiel mit dem Trend und nicht im Verbrauch selbst liegt, wird klar, warum viele Menschen zufällig wirkende Parfüms haben, die oft nicht zum Typ passen, was im schlimmsten Fall ein wild-olfaktorisches Durcheinander im Kleiderschrank zur Folge haben kann. Dabei sind Düfte ein tolles Ausdrucksmittel, um Stimmungen, das Gefühl bei einem besonderen Anlass oder die eigene Persönlichkeit zu betonen. Wie aber finde ich ein typgerechtes Parfüm?

Vorbereitung

- Sie sollten Ihre Ausstrahlung kennen: Klassisch? *Casual*-leger? Avantgarde? Sportlich? In meinem ersten Buch „Stilgeheimnisse" finden Sie genaue Beschreibungen inklusive empfohlener Duftgruppen.

- Was die Nahrung angeht, bleiben Sie bei Ihren persönlichen Gewohnheiten, weil sich die Ernährung auf den Geruch der Haut auswirkt: Wer also würziges Essen liebt, verzichtet auch vor dem Parfümkauf nicht darauf – wer sich eher mild ernährt, kauft den neuen Duft nicht unbedingt nach einem Besuch im Asia-Restaurant.

- Duschen Sie am Morgen normal, aber parfümieren Sie sich nicht!

- Kleiden Sie sich entsprechend Ihrem Typ! Sie fühlen sich dann authentisch und erhalten auch eine bessere Beratung.

- Testen Sie in den Wochen vorher ein paar Düfte spontan im Vorbeigehen, um eine Richtung zu finden oder zumindest ein paar Trends auszuschließen. Der neueste Duft von Marke XY hat selten mit Ihnen etwas zu tun!

- Nehmen Sie jemanden mit, der Sie wirklich mag – und deshalb auch kritisch ist!

Auswahl

- Betreten Sie ein Geschäft, das Ihnen sympathisch ist, welches Sie für kompetent halten und lassen Sie die Präsentation der Duftabteilung auf sich wirken: Gängige Mainstreamdüfte oder Ladenhüter, die abverkauft werden müssen, werden gerne auf Augenhöhe platziert. Es gibt aber noch die Reckhöhe (höher als Ihr Kopf), Griffhöhe (Brust- bis Hüfthöhe) und die Bückhöhe (Oberschenkel bis Boden). Bitte schauen Sie sich überall um. Schätze findet man meistens erst auf den zweiten Blick.

- Gehen Sie nach Farben! Lassen Sie die Verpackungen und Flakons auf sich wirken – nicht umsonst geben Firmen viel Geld für deren Design aus. Der Flakon erzählt etwas über das Parfüm! Ein klassisch-eleganter Duft wird nie in einer rosa Verpackung mit gold-verschnörkeltem Flakon angeboten. Suchen Sie aus, was Sie anspricht.

- Ihre Nase kann zu viele Düfte nicht unterscheiden und ist schnell überfordert. Sprühen Sie daher nur wenige Duftproben auf die weißen Riechstreifen – oder ein unbenutztes Taschentuch –, um das Aroma aufzunehmen. Wenn Sie das Gefühl haben, die Duftcharaktere nicht mehr unterscheiden zu können, neutralisieren Sie die Nase an bereitgestellten Kaffeebohnen oder am eigenen Körpergeruch, zum Beispiel – ja wirklich (!) – in der eigenen Armbeuge. Wedeln Sie die ersten Wolken des Alkoholgeruchs weg. Wenn Sie nun am Streifen riechen, erleben Sie immer noch nur die Kopfnote!

- Sprühen Sie die drei Düfte, die Ihnen auf den Riechstreifen am besten gefallen, auf gut erreichbare Hautpartien wie etwa die Handrücken und den Ellenbogen.

- Dann verlassen Sie die Parfümerie für etwa eine Stunde! So lange braucht Ihre Nase zur Erholung – und der Duft, um sich auf der Haut von der Kopf- über die Herz- bis zur Basisnote zu entwickeln. Vergleichen Sie Ihre Favoriten immer wieder.

- Was sich nach einer Stunde gut anfühlt und von Ihrem Begleiter/Ihrer Begleiterin als passend bezeichnet wird, können Sie nehmen! Ansonsten suchen Sie bitte weiter.

Erwartungen an Parfüms und Düfte:

- Dosierbarkeit und feiner Auftrag durch den Vaporisateur (Cremeparfüm wird heute kaum noch gekauft)
- eine Auswahl an Intensitäten, je nach Serie durch EdT, EdP, Parfüm und eine Körperlinie
- individuell gewünschte leichte oder intensive Haftbarkeit
- ein Ausdruck, der die Persönlichkeit abrundet
- bei Bedarf: Exklusivität, zum Beispiel durch einen besonders raren Duft
- entsprechend gute, typgerechte Duftberatung

- Ihr persönlicher Duft sollte nicht weiter als eine Armlänge zu riechen sein.
- Tragen Sie ihn am besten auf gut durchblutete Hautpartien auf. Früher hieß es: Dort wo eine Dame geküsst werden möchte, also im Nacken, am Hals hinter dem Ohr, an Puls und Armbeuge.
- Vorsicht aber mit Parfüm und Sonne: Das gibt Pigmentflecken. Ihr Dekolleté ist kein guter Ort.
- Wenn Sie einem Duft treu sind, machen Sie einmal Urlaub davon. Sie werden ihn anschließend wieder viel feiner und differenzierter wahrnehmen und vermeiden Über-Parfümierung, die sich durch Gewöhnung einschleichen kann.
- Düfte verlieren an Qualität durch Licht, Luft und Wärme. Tragen Sie Ihr EdT eine Weile nicht (z.B. Ihren Winterduft im Sommer), bewahren Sie den Flakon im Kühlschrank auf.

- Ein Duft haftet länger in Verbindung mit Fett und Wärme, zum Beispiel bei öligen Hauttypen oder im Sommer, wenn die Haut mehr Talg produziert. Im Winter können die Hautpartien gerade bei trockenen Häuten eingecremt werden, bevor Sie sie parfümieren.

Duft ist etwas Intimes, das Emotionen weckt oder wachhält. Daher sollte man sich für die Duftauswahl immer Zeit nehmen. Auch die Wahrnehmung ändert sich mit den Jahren. Die Kunst der Parfümierung zeigt Persönlichkeit, kann aber auch Stimmung bedeuten – und das sollte sie spiegeln. Man muss aber auch Veränderungen berücksichtigen, denn Veränderung ist Leben.

Die Qualitätsfrage beim Kauf von Körperpflege- und Beautyprodukten

Tut es mir gut? Die Entscheidung „Bio oder nicht“ kann Ihnen bei Ihrem Konsumverhalten niemand abnehmen, auch nicht dieses Buch. Sie haben nun aber eine Basis für Ihre Erwägungen und können so zu einer begründeten eigenen Meinung kommen. Heißt: Sie entwickeln eine Beziehung zu Ihren Produkten, Ihrem Konsum.

Einerseits stehen viele Inhaltsstoffe und die herkömmliche Kosmetik unter Beschuss, wobei die meisten Angriffe aus Kanälen kommen, die selbst kommerzielle Interessen verfolgen wie etwa manche Internetportale oder Smartphone-Apps. Und auch die Präsenz von Prominenten und als *Testimonials* legt nahe, dass in einem Markt gutes Geschäft zu machen ist.

Mein Austausch mit einer Expertin des IKW, des Industrieverbands Körperpflege- und Waschmittel e.V., führt zu der Aussage, dass „jede Art von Rot- / grün- oder Smiley-Einstufung kosmetischer Inhaltsstoffe wissenschaftlich nicht haltbar und als Orientierung für uns Verbraucher unbrauchbar“ sei. Die Hersteller klassischer Kosmetikprodukte berufen sich auf strenge Regelungen und Vorschriften, die den Schutz des Konsumenten nach dem jeweiligen Stand der Erkenntnisse wahren. So schreibt mir Birgit Huber, Stellvertretende Geschäftsführerin des IKW, dazu:

„Wer in Deutschland Kosmetika kauft, kann diese Produkte ohne Bedenken verwenden. Kosmetische Mittel unterliegen EU-weit einer Vielzahl gesetzlicher Bestimmungen, die die Sicherheit der Produkte für den Verbraucher gewährleisten. Da die Produkte direkt mit dem Menschen in Kontakt kommen, sind die Anforderungen an die gesundheitliche Unbedenklichkeit entsprechend hoch. Sie betreffen nicht nur das kosmetische Mittel und die Art seiner Anwendung, sondern auch alle Inhaltsstoffe. Nach ihrer Markteinführung überwachen die Hersteller die kosmetischen Produkte kontinuierlich weiter. Ähnlich wie Lebensmittel unterliegen Kosmetika zudem der amtlichen Kontrolle. So ist zu jedem Zeitpunkt sichergestellt, dass die am Markt erhältlichen Produkte gesundheitlich unbedenklich sind.“

Der Dreh- und Angelpunkt in dieser Debatte ist allerdings die oft lange Zeitspanne zwischen den kritischen Ergebnissen wissenschaftlicher Forschung, ihrem Bekanntwerden und dem Inkrafttreten des daraus resultierenden Gesetzes.

Das bewusste Hinterfragen der Inhaltsstoffe ist gerade dann angezeigt, wenn Sie zu Allergien neigen oder eine bisher unbekannte Erkenntnis über die Folgen langfristiger Anwendung von Stoffen öffentlich wird. Viele Menschen reagieren aber auch auf natürliche Stoffe allergisch, wie auf Wolle oder Tomaten, um auch einmal Beispiele aus anderen Konsumbereichen zu nennen.

Reaktionen auf Bestandteile haben zudem immer mit der Menge und der Dauer der Benutzung zu tun. Langjähriger Gewohnheitsgebrauch bei großzügiger Anwendung empfiehlt sich also nicht, wenn Sie Bedenken haben oder empfindlich sind.

Das Verbraucherportal *Haut.de* liefert fachlich neutrale Informationen und bietet auch eine Inhaltsstoff-Datenbank, in der sich Angaben zu Funktion und Wirkungsweisen einzelner Ingredienzien aufrufen lassen.

Der Fokus der Betrachtungen ist bei Gesichts- und flächiger Körperpflege naturgemäß anders als bei dekorativer Kosmetik oder Haarpflege. Während die Inhaltsstoffe und ihre Unbedenklichkeit – die wir aber selbst nicht überprüfen können – bei Cremes und Lotionen Priorität haben sollten, ist bei einem Make-up oder auch der Behandlung der Haar- und Bartpracht das Ergebnis vordergründig. Das legt in der *Maquillage* automatisch auch die – ebenfalls begründete – Verwendung hochwertiger Pinsel nahe. Dabei muss jede:r für sich überprüfen, ob Echthaar angesichts der sehr langen Lebensdauer von Pinseln bei guter Pflege vertretbar ist oder ob man hochwertigste Kunsthaarpinsel mit dem persönlichen Gewissen besser vereinbaren kann.

Beim Einkauf von kosmetischen Produkten liegt das eigentliche Geheimnis in der treffenden Auswahl und der vorangehenden Bedürfnisanalyse. Trockene Haut beispielsweise, die eigentlich Feuchtigkeit braucht, gewinnt kein bisschen durch ölhaltige Cremes, deren größere Fettmoleküle sogar verhindern können, dass Feuchtigkeit aufgenommen wird.

Für die Diagnose nehmen sich gewissenhafte Ärzte viel Zeit – warum wir uns nicht auch, bevor es an die Auswahl von Beautyartikeln geht, die unseren gewohnheitsmäßigen Warenkorb manchmal über Jahre füllen?

Bei allem Bewusstsein für politisch korrekte Produkte dürfen wir aber auch eines nicht vergessen: Menschen pflegen sich von jeher, weil sie attraktiv sein und anderen gefallen wollen. Und es soll Spaß machen! Die ganze Kunst in diesem Segment rankt sich um die Freude am Schönsein, die Lust auf Veränderung und den Drang nach Wohlbefinden.

Darum lautet die Qualitätsfrage, die Sie sich beim Kauf entsprechender Leistungen und Produkte der Körperpflege und *Beauty* immer wieder stellen sollten:
Fühle ich mich wohl, wenn ich dieses Produkt anwende? Und zwar nicht nur physisch, sondern in der vollen Verantwortung für mich selbst und mein Umfeld?

Ein lauter, also aufdringlicher Duft, der die olfaktorischen Grenzen aller Anwesenden überschreitet, ist genauso eine Qualitätseinbuße im Miteinander wie eine miese Laune, die sich auf alle überträgt. Es gilt, den Instinkt wieder zu schärfen.

Genauso spiegelt unser Umgang mit Körperpflege (aber auch mit Medikamenten und Nahrung) unsere innere Hygiene, durch die wir „gut zu uns selbst und gut zu anderen“ sein können. Ein Parfüm ist demnach gut gewählt und macht Sie selbst und andere glücklich, wenn Sie sich damit wohlfühlen – und Mitmenschen sich in Ihrer unmittelbaren Umgebung ebenfalls wohlfühlen.

Die angeblich oberflächlichen Äußerlichkeiten erhalten damit eine sehr wichtige Bedeutung in unserem Leben: Sie haben eine Wechselwirkung mit unserem Innenleben, unserem Gemütszustand und unserem Erfolg. Deshalb sollte es sich auch niemand leisten, Mode und Schönheit als unwichtig abzutun – kein Mensch und auch keine Firma. Sie gehören einfach dazu!

„Sei gut zu Dir", sagen wir manchmal beim Abschied von Menschen, die uns etwas bedeuten. Oder auf Schweizerdeutsch: „Heb' Dir Sorg." Damit bitten wir die oder den anderen, eben diese Verantwortung für das eigene Wohlbefinden zu übernehmen:

Erst wenn es uns gut geht und wir uns wohlfühlen, können wir von innen heraus strahlen – und dann sehen wir auch gut aus! Wenn unsere Ausstrahlung stimmt, ziehen wir Menschen und Ereignisse in unser Leben, die dazu passen und das Schöne reflektieren. So kommt über den Impuls der Zuwendung zu uns selbst ein Kreislauf in Bewegung, der echte Lebensqualität und ihre Steigerung mit sich bringt.

Meinung: Ein heißer Tipp für eine coole Kalkulation

Wer hat uns eigentlich eingeflüstert, dass wir bei Produkten nur den Materialpreis zu bezahlen brauchen – und Leistungen ebenso gratis erwarten dürfen? Wo kommt diese Anti-Kultur her, dass unser Gegenüber nichts verdienen darf?

Alle, die nun ansetzen aufzubegehren, dass Eigeninteresse legitim und ein normaler Bestandteil der Marktwirtschaft sei, sollten einen Moment innehalten: Wäre ich selbst einverstanden damit, im Preis gedrückt oder für mein Wissen nicht bezahlt zu werden?

Was, wenn mein gewohntes Einkommen einen oder auch mehrere Monate ausbliebe?

Die Epochen, als Handelspreise für Waren durch viele Zwischenhändler mit jeweils 100 % Aufschlag förmlich aufgeblasen wurden, sind längst vorbei, die Luft verbraucht. Heute kalkulieren gerade Hersteller und Selbständige vielfach so knapp, dass Marktpräsenz ein Ritt auf dem Wellenkamm – und Überleben zum Risiko wird. Ganz zu schweigen vom Nachhaltigkeitsgedanken: Wer bis auf ein Minimum heruntergehandelt wurde, hat oft keine andere Wahl als etwa beim Materialeinkauf zu sparen und auf minderwertige Ingredienzien zurückzugreifen. Das verschlechtert das Produkt und ist wider die Umwelt. Wer allerdings immer noch gut verdient, sind die großen *Player* am Markt, die zum Produkt selbst nichts beisteuern.

Eine preis-werte Vergütung in der Produktherstellung leistet somit einen elementaren Beitrag zur Nachhaltigkeit. „Was braucht ihr, um gut und nachhaltig arbeiten zu können?“, ist die Frage dahinter. Ein seinerseits fairer Hersteller wird das nicht ausnutzen, weil er die vertrauensvolle und hoffentlich lange Kundenbeziehung *vor* die Gewinnmaximierung stellt. Es gibt nichts Anspruchsvolleres, als ein Produkt, eine Leistung über einen langen Zeitraum in kontinuierlich guter Qualität herzustellen oder zu erbringen und dabei zu verdienen, was es braucht, damit das Unternehmen gesund ist und auch bleibt.

Gerade in der Produktion, am Ende der Kette, habe ich eher bodenständige als windige Charaktere getroffen, die einen echten Bezug zum Produkt und ihren Mitarbeitern haben und sich der Verantwortung beiden gegenüber bewusst sind. Und die lieben, was sie tun.

Entsprechend sollten Einkäufer:innen nicht nach Gewinnsteigerung, sondern für den Aufbau langfristiger und persönlicher Lieferantenpartnerschaften honoriert werden. Zum Glück haben einige Unternehmen das inzwischen erkannt, handeln entsprechend klug im Sinn der Lieferfähigkeit und Qualität – und erzählen es uns als *Storytelling* weiter. So haben auch wir wieder mehr Bezug zum Produkt. Diese Denkweise dürfen wir uns auch als Endverbraucher:innen abschauen.

Partner und Lieferanten fair zu behandeln, kann sich nämlich auf kostbare Weise auszahlen: Es ist ein paar Jahre her, dass mich ein Anbieter für saisonale Musikveranstaltungen um Kleidung für seine weiblichen Hostessen anfragte. Sechs Wochen vor der Premiere!

Eigentlich zu knapp für Konzept, Entwurf und Stoffauswahl, Ermittlung des Größenspiegels, Schnitterstellung, Fertigung, Transport und Auslieferung. Doch so läuft es leider oft, wenn es um Kleidung für Mitarbeitende geht – sie wird als tragendes Element am *Touch-Point*, dem Berührungspunkt mit Kunden und Besuchern (und damit als Markenbotschaft) zu allerletzt bedacht.

Aber das Wunder geschah: Mein Partner für Damenkonfektion sagte zu und machte das Unmögliche möglich, weil ich ihn immer gut behandelt und nie im Preis gedrückt hatte – sozusagen als Dank. Ohne das hätte mein Kunde die Ausstattung seiner Hostessen vergessen können.

Es ist nicht in Ordnung, sich bei einem Maßanbieter oder anderen Spezialisten rundum beraten zu lassen, um schließlich woanders günstiger einzukaufen. Der eigene Vorteil auf Kosten anderer kann nur einen schalen Beigeschmack haben.

Wie würde ich mich fühlen, wenn das eigene Einkommen einen oder auch mehrere Monate ausbliebe?

Die Fairnessgrenze gilt übrigens auch für VIP's und Prominente. Aus einem Atelier für Abendkleider auf Maß drang zum Beispiel diese Anekdote: Eine Frau kam ins Atelier und ließ sich eine schillernde Abendrobe zusammenstellen, suchte Stoff, Schnitt und Details aus, ließ sich vermessen und beraten. Leicht herrisch war ihr Ton, aber wenn man seinen Job liebt und im Einzelhandel arbeitet, geht man kaum darauf ein. Am Ende des etwa 2-stündigen Design-Prozesses rechnete die Schnitt-Directrice und Inhaberin den Preis zusammen und verlangte rund 2.000 Euro, was nicht viel ist für die Menge an Stoff, die Beratung, Schnitterstellung und Fertigung.

Darauf antwortete die Kundin, die keine war: „Was glauben Sie? Ich bezahle doch nicht für Kleidung – ich bin Filmdiva XY!" Ob die Lady das Kleid am Ende bekommen hat?

Wie würde sie sich fühlen, wenn ihr eine Filmproduktion die Gage schuldig bliebe?

Und so gibt es viele Geschichten, die von Herablassung und Habgier erzählen, von Ignoranz und fehlendem Anstand. Preisnachlässe oder Geschenke darf niemand erwarten, die oder der selbst Geld verdienen möchte. Denn unsere Wirtschaft und mit ihr der unternehmerische Gedanke basieren auf dem Prinzip der Vergütung. Nur in vertrauensvollen Beziehungen traut sich ein herstellendes Unternehmen, wirklich schlank und ohne Reserve zu kalkulieren ... weil es nur dann darauf zählen kann, dass es sein Geld erhalten wird. Und zwar pünktlich.

Es wird Zeit, dass wir die *Geiz ist geil* Mentalität über den sprichwörtlichen Jordan schicken, uns wieder als Vorbilder in Sachen Unternehmertum zeigen und die Sache zu Ende denken:

(Nur) dann, wenn wir sie anständig behandeln, werden Lieferanten zu Partnerinnen und Partnern, die in ihrer Leistung das Beste geben und manchmal auch bereit sind, über das zu erwartende Maß hinaus zu gehen. (Auch rar gewordene Fachkräfte sind dann eher bereit, notfalls kurzfristig zu helfen.) Vertrauen wächst nur aus fairen Verhandlungen.

An dieser Stelle werden Top-Leistungen und Spitzenprodukte geboren. Und Freundschaften auch.

Die Einkleiderin

© Katharina Starlay 2022, Foto: Thomas Ruppel

Katharina Starlay ist ihren Lesern durch die Kolumne „Starlay Express“ im *Manager Magazin Online* und ihre Bücher bei Frankfurter Allgemeine Buch bekannt. Ihr Debut gab sie dort 2012 mit *Stilgeheimnisse*.

Durch einige Jahre als Führungskraft im Einzelhandel (Branchen Mode und Kosmetik) verfügt die studierte Modedesignerin über einen einzigartigen Schatz an gelebtem Praxiswissen: Sie ist Beraterin, Trainerin und „Einkleiderin“ für Firmenauftritte und entwickelt für diese Style Manuals. Seit 2014 ist sie Mitglied im Deutschen Knigge-Rat.

Beim Konsum legt sie selbst Wert auf persönlichen Kontakt und die Qualität der Beratung. Wo bis jetzt der Preis den Kampf entschied, sieht sie für den Handel von morgen Chancen in individuellen, teils lokalen Sortimenten fernab der Massenproduktion sowie in persönlicher Kompetenz, welche die Grundlage von Vertrauen und Kundenbindung bildet und digital nicht vermittelt werden kann.

News und Artikel veröffentlicht sie auf *Stilclub.de*.

https://stilclub.de

https://www.starlay.de

Im Stilclub sind auch erschienen

Tattoos im Job – Wie die Kunst am Körper auch unsere Arbeitswelt verändert

Über die Ursachen und Zusammenhänge des Kults und wie er sich in das Job-Leben integrieren lässt

Mai 2019
40 Seiten als E-Book, Print on Demand und Hörbuch

Stilvoll älter werden – Erfolgreich über 50

Das Buch kombiniert Stilwissen mit Zeitgeist und gibt Tipps, wie man über 50 stilvoll erfolgreich sein kann

August 2019
76 Seiten als E-Book, Print on Demand und Hörbuch

Die 12 Gebote für Frauen im Business

Für Frauen, die ihre hohe Kompetenz sichtbar, fühlbar und unantastbar machen wollen

April 2021
106 Seiten als E-Book, Print on Demand

Der Stilcoach für Männer – Erfolgreich unterwegs in Job und Freizeit

Das Wichtigste, um der (Geschäfts-) Welt im Allgemeinen und Frauen im Besonderen souverän zu begegnen

1. Auflage Oktober 2017 bei FAZ Buch
3. Auflage erweiterte Neu-Auflage November 2019
256 Seiten als E-Book, Print on Demand